W0297911

KÖLNER TIERE

—

Ein kleiner Guide für Naturbanausen & Stadtkinder

Texte, Illustrationen und Gestaltung
von Marie Parakenings

Kulturverlag Kadmos Berlin

INTRO

—

Für Naturbanausen & Stadtkinder

Den Geißbock Hennes und die Maus und den Elefanten (und ihre Ente) kennt wohl jedes Kind in Köln. Aber die Domstadt – immerhin viertgrößte Stadt in Deutschland – hat noch tierisch viel mehr zu bieten. Wusstest du, dass neben 39.000 Hunden und circa 1,085 Millionen Menschen auch noch viele tausend Wildtierarten die neun Bezirke bevölkern? Arten wohlgemerkt – nicht Exemplare! (Ganz genau zählen konnte noch niemand so richtig.) Ja ok, die meisten von ihnen sind Insekten, aber immerhin nennen auch über 140 Brutvogelarten, etliche Säugetierarten, eine Menge Fisch-, Reptilien-, Amphibienarten und viele andere Kleinstlebewesen Köln ihre Heimat. Und diese haben sich hervorragend an das Großstadtleben angepasst: Koks schnüffelnde Wildschweine, in Häuserfassaden brütende Halsbandsittiche, Kamelle naschende Ameisen und mit Presslufthammern konkurrierende Zaunkönige ... dieses Buch hält die verrücktesten und spannendsten Fakten und Zahlen über die Kölner Tierwelt bereit.

Es ist kein Naturführer im klassischen Sinn, sondern subjektiv und unvollständig. (Wäre ja auch verrückt, die tausenden Arten hier unterzukriegen.) Es zeigt meine bunte Auswahl von tollen Tieren der Domstadt, die jede*r Kölner*in unbedingt kennen sollte.

Viel Spaß!

he

38

E

74

RSCH

52

CHSE

66

GE/
E

50

ER

82

94

ER

Inhaltsverzeichnis

Es folgen Kölner Tiere sortiert nach Zahlenfakten

2 400 000

↓

0

2 400 000

—

Liter Rheinwasser wurden zur Freude der Kölner Graureiher in den Langeler Fischweiher gepumpt.

Da die Sommer immer heißer werden, wird auch die Gefahr von Jahr zu Jahr größer, dass kleine Gewässer austrocknen und die Fische sterben – und der Lebensraum vieler anderer Kölner Wassertiere mit ihnen. Da konnte nur noch das Technische Hilfswerk mit seinen Wasserschläuchen Abhilfe schaffen und das kühle Flusswasser »rheinpumpen«. Besonders froh darüber waren auch die Graureiher, die nicht ohne Grund Fischreiher genannt werden. Diese brüten zwar nicht nur am Langeler Weiher, sondern an fast allen Kölner Weihern – ein wertvoller Weiher weniger wäre für sie aber ein schmerzlicher Verlust gewesen.

Graureiher gehören übrigens zu den Schreitvögeln, weil sie geradezu majestätisch und meist in Slow Motion durchs flache Wasser schreiten. Streitvogel würde aber auch passen: Bei der Auswahl seiner Nistmaterialien ist so ein Graureiher nämlich sehr wählerisch und zofft sich gerne mal mit seinen Kolonie-Nachbarn um den schöneren Zweig.

Er heißt Graureiher, weil er – wer hätte das gedacht – grau ist. Und weil er wortwörtlich »reihert«. Das tut er, um seine Jungen zu füttern. Diese können nämlich rohen Fisch noch nicht selbst verdauen. Deshalb kriegen sie von ihren Eltern einen vorverdauten Brei verfüttert. Um die Fische (oder auch Frösche, Mäuse und sogar Schlangen) zu fangen, steht so ein Graureiher gerne mal minutenlang vollkommen starr im Wasser, bis er blitzschnell seine Beute schnappt und lebendig verschluckt. Loss et der schmecke!

VOGEL · GRAUREIHER

Speiseplan: Fische, Frösche, Molche, Schlangen oder Mäuse · Familie: Reiher · Größe: 90 –100 cm · Flügelspannweite: 175 –195 cm · Laute: krächziges aargh-aaargh

1499 000

—

Euro Schaden richten Steinmarder jährlich an Kölner Autos an.

Der Steinmarder hat die Scheu vorm Menschen schon lange abgelegt. Und erst recht vor dessen fahrenden Blech-Unterteilen. Die Frage, die sich stellt: Woher kommt dieser abgefahrene Heißhunger auf Kabel und Schläuche?

Zum einen ist so ein Marder wirklich extrem neugierig und verspielt. Als Allesfresser prüft er interessante Objekte oft einfach, indem er hineinbeißt. Zum anderen ist es der Geruch, mit dem er sein Revier markiert. Wird ein Auto, in dem sich schon mal ein Marder aufgehalten hat, in einem anderen Marderrevier abgestellt, glaubt der örtliche Beißer, dass sich ein Feind ins eigene Gebiet geschlichen hat. Mit entsprechend schlechter Stimmung krabbelt er dann in den Motorraum und verteidigt sein Revier, indem er drauflosbeißt. Sowohl Marderweibchen als auch -männchen sind sehr intolerant, was Artgenossen im eigenen Revier angeht. Die weit verbreitete Meinung, dass ein Säckchen mit Hundehaaren Marder vergraulen könnte, ist übrigens Quatsch. Würde Hundegeruch wirklich stören, gäbe es in einer Stadt wie Köln überhaupt keine Marder.

Zu Gesicht bekommst du die Kölner Marder wohl kaum. Es sei denn, du bist wie sie nachtaktiv. Tagsüber verziehen sie sich in ihre Tagesverstecke: Dachböden, Schuppen oder eben stehende Autos. Sie sind klassische Kulturfolger – sie haben sich schon seit langem die Vorteile der menschlichen Nähe zu Nutzen gemacht.

SÄUGETIER · STEINMARDER

Speiseplan: kleine Säugetiere wie Mäuse, Jungvögel, Beeren, Bucheckern, Abfälle · Familie: Marder · Größe: 40–55 cm · Schwanz: 20–30 cm

1 000 000

—

Liebesschloss-Schlüsseln mussten die Kölner Fische seit Beginn des Trends ausweichen.

Und jedes Jahr kommen sogar noch um die 100.000 neue Schlösser dazu! (Das Gesamtgewicht der Schlösser beträgt mittlerweile gigantische 20 Tonnen.) Unter der Hohenzollernbrücke leben die Rheinfische also auf ziemlich gefährlichem Terrain, bei all den Schlüsseln, die die Pärchen gemeinsam in den Fluss werfen, um ihre ewige Liebe zu versiegeln.

Noch vor 50 Jahren hatten die Rheinfische allerdings ganz andere Sorgen. Das Abwasser aus Industrie und Landwirtschaft und auch aus den privaten Haushalten, das einfach so, ungeklärt, in den Rhein geleitet wurde, hat die Wasserqualität dermaßen zunichtegemacht, dass 1969 nur noch mickrige 10 Kleintierarten im Fluss zu finden waren. Durch diverse Maßnahmen konnte die Wasserqualität zum Glück aber so weit verbessert werden, dass heute wieder fast alle der 65 ursprünglich im Rhein heimischen Fischarten vorhanden sind.

Zu Gesicht bekommst du die Fische in ihrem natürlichen Lebensraum zwar eher schlecht als recht (es sei denn, du gehst auf Tauchtour – was allerdings bei dem Schiffsverkehr nicht sehr zu empfehlen ist), zu wissen, wie diese aussehen, schadet aber trotzdem nicht. Es folgt also eine kleine Auswahl an sieben Kölner Fischarten, von A wie Aal bis Z wie Zander.

→

FISCH · EUROPÄISCHER AAL

Speiseplan: Insektenlarven, Krebstiere, kleine Fische · Familie: Flussaale · Größe: 60–80 cm

BARBE
Größe: 25 – 75 cm

FLUSSBARSCH
Größe: 20 – 40 cm

BLEI/BRACHSE
Größe: 30 – 50 cm

ROTAUGE/PLÖTZE
Größe: 25–50 cm

ROTFEDER
Größe: 20–30 cm

ZANDER
Größe: 40–100 cm

800 000

—

Pilger sollten ursprünglich über das Zuhause der Kölner Kiebitze trampeln, um den Papst zu feiern.

Ein Glück konnte das verhindert werden! Zum katholischen Weltjugendtag im August 2005 sollte für den feierlichen Empfang vom frisch gebackenen Papst Benedikt ein zwölf Meter hoher »Papsthügel« errichtet werden, an dem sich die Pilger versammeln wollten. Da auf der angedachten Fläche in Hangelar aber der Kiebitz heimisch war, musste der Heilige Vater weichen und sich stattdessen mit einer Ackerfläche westlich von Köln im Rhein-Erft-Kreis zufrieden geben. Kiebitz gegen Papst: Eins zu Null.

Gut so! Denn der Kiebitz war auch vor 15 Jahren schon selten und ist mittlerweile sogar auf die rote Liste der gefährdeten Brutvogelarten gewandert. Im Kölner Raum wurden zuletzt nur noch 20 Brutpaare gezählt. Durch die Zerstörung seines ursprünglichen Lebensraumes (flache, feuchte und offene Wiesen), wurde der Kiebitz notgedrungen zum Kulturfolger und ist auf Ackerflächen und Weiden ausgewichen. Da die Landwirtschaft aber immer intensiver wird und immer mehr Pestizide und Insektizide zum Einsatz kommen, wird dem Kiebitz das Überleben schwer gemacht. Seit 2019 gibt es zum Glück verstärkte Maßnahmen zum Feldvogelschutz. Bis zu 440 Euro pro Hektar können sich Landwirt*innen dazuverdienen, wenn sie bestimmte Schutzmaßnahmen zum Wohl von Kiebitz und Co vornehmen. Na, das is doch mal ein Anreiz und würde sicher den Segen des Papstes bekommen!

VOGEL · KIEBITZ

Speiseplan: Insekten, Larven, Würmer und andere Wirbellose · Familie: Regenpfeifer · Größe: 28–31 cm · Flügelspannweite: 70–80 cm · Laute: klagend schrilles kschäää oder kiju-wit

300 000

—

Kilogramm Kamelle machen jedes Jahr aufs Neue auch die Kölner Ameisen glücklich.

Denn von den Bonbons, Weingummis, Pralinen und Co bleiben bekanntlich auch mal welche auf der Straße liegen und werden von der feiernden Karnevalsmeute platt getreten. Ein Festmahl für die Kölner Ameisen.

In Köln leben viele Millionen – die Schwarze Wegameise ist die häufigste Unterart. Du findest sie auf allen Parkwegen, Wiesen oder auch zwischen Pflastersteinen. Zu den wichtigsten Nahrungsquellen gehören neben Kamellen, Calippo Colas und Capri-Sonnen auch Blattläuse. Allerdings nicht die Läuse selbst, sondern deren »Milch«, der sogenannte Honigtau. Um den zu gewinnen, werden die Blattläuse von den Ameisen gemolken (mmh lecker!) und im Gegenzug bewacht, verteidigt und vor Fressfeinden wie Marienkäfern beschützt. Die Symbiose geht sogar so weit, dass sie die Läuse beim F...ortpflanzen unterstützen oder sie zu neuen »Weidegründen« transportieren. Diese Blattlausfürsorge kann aber auch rabiate Züge annehmen: Um ihre kleinen »Honigkühe« im Zaum zu halten, werden schon mal deren Flügelchen abgebissen oder Stoffe abgesondert, die ihre Bewegungen verlangsamen und sie ruhigstellen. Hui!

Wusstest du, dass Ameisen unfassbar stark sind? Die Sechsbeiner können das 1.700-fache des eigenen Körpergewichtes ziehen! Wenn wir so stark wären, könnten wir theoretisch 136 Tonnen, also ungefähr vier vollbeladene Frachtcontainer, hinter uns über den Boden herschleifen. Unglaublich!

INSEKT · SCHWARZE WEGAMEISE

Speiseplan: Honigtau von Blatt- und Schildläusen · Familie: Ameisen · Größe: 3–5 mm

200 000

—

Quadratmeter Wasserfläche haben Schmuckschildkröten im Decksteiner Weiher lieben gelernt.

So viel Platz zum Planschen! Am liebsten hocken sie aber auf aus dem Wasser ragenden Ästen und Steinen, um sich genüsslich zu sonnen. Allerdings handelt es sich bei den Panzertieren nicht um heimische Arten. Die einzige heimische Art, die Europäische Sumpfschildkröte, ist in Deutschland kaum mehr zu finden und stark vom Aussterben bedroht. Die Exemplare im Decksteiner Weiher sind ehemalige Haustiere. So eine Gelbwangen-Schmuckschildkröte kann in der Haltung bis zu 55 Jahre alt werden. Einige Besitzer*innen hatten aber wohl keine Lust mehr auf ihr altes, schrumpeliges Haustier und haben es gewissenlos ausgesetzt. Mies! Das ist übrigens strengstens verboten und kann mit bis zu 25.000 Euro Bußgeld bestraft werden.

Erstaunlicherweise kommen die Tiere, die eigentlich in viel wärmeren Gegenden im Südwesten der USA zu Hause sind, in den Kölner Weihern ziemlich gut zurecht. Im Volkspark, im Theodor-Heuss-Weiher, im Blücherpark oder sogar im Aachener Weiher gibt es mittlerweile unzählige Exemplare.

Zu den friedlichen Gelbwangen-Schmuckschildkröten gesellen sich (unfreiwilligermaßen) auch immer mehr Exemplare mit roten Wangen. Die Rotwangen-Schmuckschildkröte ist sehr viel räuberischer unterwegs. Und im Gegensatz zur gelben Schwesternart konnte bei ihr mittlerweile nachgewiesen werden, dass sie sich hierzulande auch vermehren kann.

REPTIL · GELBWANGEN-SCHMUCKSCHILDKRÖTE

Speiseplan: Insekten, Schnecken, Muscheln, Wasserpflanzen und andere Pflanzenteile · Familie: Sumpfschildkröten · Größe: 15 cm (Männchen), 25–30 cm (Weibchen)

50672

—

ist die Postleitzahl der wohl einzigen Kastanie Kölns, die nicht von der Miniermotte befallen ist.

Gemeint ist das gleichnamige Restaurant. Von den Kastanienbäumen ist mittlerweile nämlich so gut wie keiner mehr von den kleinen geflügelten Biestern verschont geblieben – Miniermotten haben sich in den letzten zwei bis drei Jahrzehnten in ganz Köln ausgebreitet.

Cameraria ohridella – das ist der wissenschaftliche Name dieser Motte. Benannt nach dem Ohridsee in Mazedonien, wo sie 1984 erstmals entdeckt wurde und sich seitdem in ganz Mittel- und Westeuropa verbreitet hat. Und Miniermotte heißt sie im Deutschen, weil sie ein »minierendes« Insekt ist. Die Raupen fressen im Inneren des Blattes (gut geschützt vor Fressfeinden) das Pflanzengewebe und saugen den Blattsaft aus. Die Fraßgänge, die dabei entstehen, werden Minen genannt. Dabei wird die Wasserzufuhr unterbrochen, die Blätter werden braun und sterben mit der Zeit ab – noch bevor die Larve als Miniermotte aus ihrem Kokon schlüpft, um ein neues Blatt mit ihren Eiern zu belegen. Der Baum wird dadurch geschwächt und ist anfälliger für Pilze und andere Krankheitserreger.

Wenn du was dagegen tun möchtest, hilf im Spätsommer beim Kastanienlaub-Harken! Wenn dieses nämlich in Säcken verpackt und zum Verbrennen abgeholt wird, kann eine weitere Ausbreitung der Larven eingedämmt werden. Die Kastanien werden's dir danken!

INSEKT · MINIERMOTTE

Speiseplan: Blätter der Rosskastanie · Familie: Miniermotten · Größe: 2–3 mm (Falter), 5 mm (Raupe) · Flügelspannweite: 6–7 mm

40 000

—

Zähnchen finden im Mund der Weinbergschnecke Platz.

Genauer gesagt auf der Raspelzunge mit dem ulkigen Namen »Radula«. Mit ihr schneiden und raspeln die Schneckenriesen ihre Pflanzennahrung und schaufeln sie sich schließlich in den kleinen Schlund. Und obwohl die einzelnen Zähnchen eher weich sind, ist die Zunge insgesamt extrem stark. Wie an der Universität Hamburg herausgefunden wurde, können die Radulazähnchen mit einem Druck von 4.700 bar auf den Untergrund einwirken – das ist so viel wie ein industrieller Wasserstrahlschneider, der mit dem extremen Wasserdruck und Sand sogar Stahl schneiden kann. Wow!

So eine Weinbergschnecke bewegt sich übrigens mit einer Geschwindigkeit von etwa sieben Zentimetern pro Minute fort. Das ergibt ein Schneckentempo von ganzen 4,2 Metern pro Stunde. Rasant! Ihr Schleim ist nicht nur – wer hätte das gedacht! – schleimig, sondern auch ziemlich nützlich: Er schützt den Kriechfuß, den Fortbewegungsmuskel, der sich an der Unterseite hinterm Kopf befindet. So kann sie auch über scharfe Gegenstände kriechen, ohne sich zu verletzen. Selbst schärfste Rasierklingen könnte sie Schleim sei Dank überwinden. Allerdings bringt ihr der Kriechfuß und auch ihr dickes Schneckenhaus leider nicht allzu viel, wenn sie über Kölns Straßen kriecht. Wenn sie nicht gerade von einem Auto platt gefahren wird, kann so eine Weinbergschnecke ziemlich alt werden: bis zu acht Jahren. Wenn sie als Haustier unter optimalen Bedingungen gehalten wird, sogar noch deutlich älter. Der Rekord liegt bei gigantischen 30 Jahren! Live slow, die old und so …

WEICHTIER · WEINBERGSCHNECKE

Speiseplan: weiche, welke Pflanzenteile · Familie: Schnirkelschnecken · Größe: 8–10 cm · Gehäuse: 3–5 cm

30 000

—

Leute besichtigen täglich das Zuhause der Kölner Wanderfalken.

Wobei das den meisten Besucher*innen wahrscheinlich gar nicht klar ist, wenn sie den Kölner Dom so betrachten. Tatsächlich leben die Falken aber schon seit über 40 Jahren am Nordturm – dort wurde nämlich 1979 das erste Kölner Wanderfalkenpaar angesiedelt. Die Urenkel von Agrippa und Arnold nisten noch heute am Turm. Lass dich aber nicht verwirren – das macht sie noch lange nicht zu Turmfalken. Eigentlich brüten Wanderfalken an Felsen. Aus der Falkenperspektive sind die Domtürme aber ein ziemlich guter Felsenersatz, mit ihren steinernen Nischen und verschnörkelten Vorsprüngen und reichlich viel vorbeifliegendem Futter. In Köln verspeisen die Wanderfalken nämlich besonders gern Tauben oder Halsbandsittiche, die sie sich einfach aus der Luft fangen.

Bei der Jagd können sie rasante Geschwindigkeiten erreichen – im Sturzflug kann so ein Wanderfalke gigantische 320 Kilometer pro Stunde schnell werden. Damit hält er den Rekord und ist das schnellste Tier der Welt!

Leider waren die beeindruckenden Tiere in den 50ern in Deutschland fast ausgestorben. Das damals viel eingesetzte Insektizid DDT gelangte über die Nahrungskette auch in die Mägen der Wanderfalken und verursachte Schädigungen der Eierschalen, wodurch viele Küken starben und der Bestand drastisch sank. Dank des Verbots von DDT und vieler Schutzmaßnahmen hat sich der Bestand aber zum Glück wieder stabilisiert. Puh!

VOGEL · WANDERFALKE

Speiseplan: Tauben, Halsbandsittiche, Stare, Drosseln, Finken · Familie: Falkenartige · Größe: 51 cm (W), 35 cm (M) · Flügelspannweite: 79 cm (W), 114 cm (M) · Laute: akzick-akzick, eeek-eeeek-eeeeek, gjä glä

17 000

—

Insektenarten hat's in Kölle.

Wobei man das auch so ganz genau nicht sagen kann. Aber Expert*innen schätzen, dass es zwischen fünfzehn- und zwanzigtausend sind. Das wäre ja verrückt, die alle hier aufzulisten. Darum folgt eine kleine Übersicht von Kölner Insekten mit ziemlich außergewöhnlichen Namen. (Jawoll, die heißen wirklich so.)

Obwohl Insekten in ihrem Aussehen so unterschiedlich und vielfältig sind, haben sie alle dies gemeinsam: Der Körper ist dreigeteilt (in Kopf, Brust und Hinterleib), sie besitzen keine Wirbelsäule und kein inneres Skelett. Und sie haben alle sechs Beine und Fühler. Meistens auch noch Flügel.

Neueste Studien belegen, dass der Insektenbestand in Deutschland sehr stark gesunken ist. Das ist dramatisch! Die intensive Landwirtschaft macht den Insekten das Überleben schwer: Es werden große Mengen von Insektiziden und Pestiziden eingesetzt. Und zwischen den Monokulturen von Äckern und Feldern gibt es viel zu wenig Blühstreifen und Hecken. Städte wie Köln bieten den Insekten trotz dichter Bebauung und Asphalt-Dschungel bessere Bedingungen als die landwirtschaftlichen Flächen. Wer hätte das gedacht?! Die Pflanzenvielfalt ist zwischen den Häusern mittlerweile um einiges größer, sodass es hier auch mehr summt und brummt.

→

INSEKT · WADENSTECHER

Speiseplan: Menschen- und Tierblut · Größe: 6–7 mm · Laute: sssssss

RÜCKEN-SCHWIMMER
Größe: 13,5–18 mm

KEILJUNGFER
Größe: 50–70 mm

BUCHDRUCKER
Größe: 4,5–5 mm

SCHWALBEN-SCHWANZ
Größe: 50–75 mm

KRÄUTERDIEB
Größe: 2–4,3 mm

STAHLBLAUER GRILLENJÄGER
Größe: 15–20 mm

HASELNUSSBOHRER
Größe: 6–8,5 mm

GOLDAFTER
Größe: 20–35 mm

GEFLECKTER SCHMALBOCK
Größe: 14–20 mm

KAISERMANTEL
Größe: 55 - 65 mm

SILBRIGER PURZELKÄFER
Größe: 8 - 10 mm

BLÄULING
Größe: 25 - 50 mm

GEMEINER MISTKÄFER
Größe: 10 - 45 mm

GRÜNES HEUPFERD
Größe: 28 - 42 mm

TAGPFAUENAUGE
Größe: 50 - 55 mm

FEUERWANZE
Größe: 8 - 20 mm

SCHACHBRETT
Größe: 37 - 52 mm

GEMEINER OHRWURM
Größe: 10 - 16 mm

16 000

—

Mal fliegt das Zilpzalpweibchen für den Nestbau hin und her.

Der Nestbau ist bei Zilpzalps nämlich Frauensache. Vier bis zwölf Tage ist das Weibchen mit dem Bau beschäftigt und besorgt Halme, Gräser, Moos, kleine Federn – alles, was sich eben so zum Nestbau eignet. Das mehr oder weniger runde und geschlossene Nest wird meistens um die zehn mal zehn Zentimeter groß und hat einen kleinen ovalen Eingang. Weißte Bescheid!

Weil sich der Gesang dieses kleinen Vogels anhört wie ein ständiges »zilp-zalp-zelp-zilp-zalp«, wurde er auch prompt so getauft. Wer will ihn da noch bei seinem ursprünglichen Namen »Weidenlaubsänger« nennen? Im Englischen ist es übrigens das gleiche Spiel: Hier deutet man den Ruf als »Chiffchaff«, und so heißt dann auch der Vogel selbst. Übrigens singen nicht alle Zilpzalpe gleich: Ein Kölner Sänger wird einen sächsischen Zilpzalp nur schlecht verstehen.

In Köln findest du den kleinen, recht unscheinbaren Laubsänger übrigens in vielen größeren Gärten, in Parks und auf Friedhöfen, wie zum Beispiel dem Ostfriedhof.

Eigentlich ist er ein Zugvogel. Weil das Klima aber immer milder wird, wird der Vogel faul und bleibt häufiger den Winter über in der Stadt, um sich den beschwerlich langen Weg in die wärmeren Mittelmeerländer zu ersparen. Wir sollten uns ein Beispiel an ihm nehmen, damit es hier nicht noch heißer wird!

VOGEL · ZILPZALP

Speiseplan: Blattläuse, Larven, kleine Insekten · Familie: Grasmückenartige · Größe: 11 cm · Flügelspannweite: 15–20 cm · Laute: zilp-zalp-zilp-zalp

15 000

—

Honigbienen wurden von der Siegburger Straße aufgesammelt und gerettet.

An sich ist es nicht ungewöhnlich, dass ein Bienenvolk zusammen mit der Königin »ausschwärmt«, um einen neuen Platz für ihren Bienenstock zu finden. Während einige Tierchen nach einer geeigneten Stelle suchen, wartet das Volk gemeinsam an einem Ort. Dass sich dieses Volk nun ausgerechnet die viel befahrene Siegburger Straße in Poll ausgesucht hat, ist natürlich ziemlich lebensmüde. Zum Glück entdeckte die Polizei das Bienenvolk rechtzeitig und konnte die Straße so lange sperren, bis die Tiere in Sicherheit gebracht wurden.

Bienen sind unglaubliche Arbeitstiere. Eine Sammlerin fliegt mindestens zehnmal am Tag aus und besucht etwa 100 Blüten pro Sammelflug. Dabei fliegt sie bis zu drei Kilometer vom Bienenstock weg. Pro Flug sammelt sie die Hälfte ihres eigenen Körpergewichts – also bis zu 50 Milligramm Nektar. Mit dem Blütenstaub, auch Pollen genannt, den sie an ihren haarigen Hinterbeinen aufnimmt, bestäubt sie nebenbei noch viele hundert Blüten pro Tag. Das macht sie auch so unglaublich wichtig. Ohne Bienen würden die meisten Pflanzen keine Früchte tragen. Ohne Bienen ginge gar nichts! Das hat schon Einstein gesagt.

Um den Nektar für ein Glas Honig zu sammeln, braucht eine Biene theoretisch drei Erdumrundungen, also 120.000 Kilometer Wegstrecke! Unglaublich! Allerdings würde eine einzige Biene das gar nicht schaffen. Sie produziert in ihrem Leben »nur« etwa einen Teelöffel Honig. Hat schon seinen Grund, dass dieser auch flüssiges Gold genannt wird.

INSEKT · HONIGBIENE

Speiseplan: Nektar, Honigtau, Pollen · Familie: Echte Bienen · Größe: 11–13 mm (Arbeiterin), 15–18 mm (Königin), 13–16 mm (Drohne)

10 000

—

Euro Blechschaden verursachte eine Ringelnatter bei einem Autounfall.

Die Schlange wollte sich offensichtlich einfach auf dem warmen Asphalt der Straße im Oberbergischen Kreis sonnen. Das Bremsmanöver, das sie damit auslöste, endete in einem krachenden Auffahrunfall. Alle Beteiligten sind aber zum Glück ohne große Verletzungen davon gekommen.

Die beiden Autofahrer*innen können sich auch sonst glücklich schätzen, denn so eine Ringelnatter kriegt man in Köln und Umgebung immer seltener zu Gesicht. Nur noch in der Wahner Heide oder im Chorbusch in Chorweiler hast du die Chance, mal eine zu erblicken.

Bis zu 1,50 Meter können Ringelnatterweibchen groß werden, und an den zwei halbmondförmigen Flecken im Nacken, die zusammen ein bisschen aussehen wie ein Ring, kannst du sie ziemlich gut erkennen. Vor Fressfeinden schützen sie sich, indem sie ein übel riechendes Sekret absondern. Oder sich tot stellen und ihre Zunge aus dem erschlafften Körper raushängen lassen. Raffiniert!

Zur Paarungszeit können sich die Ringelnattermännchen ganz schön in die Haare (ääh... Schuppen) kriegen. Bis zu 20 Männchen verknäulen sich da teilweise und kämpfen um ein Weibchen. Dabei gibt es aber keine Beißereien, ausschließlich Rangeleien. (Wobei es in diesem Fall eher Ringeleien heißen müsste.)

Angst brauchst du vor ihnen übrigens nicht zu haben: Ringelnattern sind für uns Menschen absolut ungefährlich.

REPTIL · RINGELNATTER

Speiseplan: Frösche, kleine Säugetiere, Fische, Vögel · Familie: Nattern · Größe: 75 –150 cm · Farbe: olivgrün, schiefergrau bis bräunlich

8 563

—

Nüsse, Samen und Eicheln vergräbt ein Eichhörnchen im Jahr.

Na gut – so genau hat das wahrscheinlich noch niemand gezählt. Aber es sind in jedem Fall zwischen vier- und zehntausend. Je nach Größe der Nüsse. Warum ein Eichhörnchen das überhaupt macht? Um seinen Wintervorrat für die Winterruhe anzulegen! Bis zu 30 Zentimeter tief buddelt es seine Beute im Sommer und Herbst ein. Und das Ganze sogar geordnet nach Sorten. Eicheln hier vorn, Bucheckern dort hinten … Trotzdem kann es schon mal vorkommen, dass es einige Verstecke nicht wiederfindet. Es heißt sogar, dass sich ein Eichhörnchen nur an die Hälfte seiner Verstecke erinnert! Zwanghaft und vergesslich. Ups. So trägt es aber auch zur Verbreitung von Eichen, Buchen und Haseln bei.

Im Sommer ernährt es sich (mühsam?) neben Insekten und Nüssen auch mal von Jungvögeln und Vogeleiern. Niedlichkeitsfaktor hin oder her – an sich ist das süße Hörnchen also genauso räuberisch wie die dafür oft verpönte Elster.

Sein Nest, ein rundes Gebilde aus Zweigen, heißt übrigens Kobel. Davon baut es sich gleich mehrere. Eine Sommer- und eine Winterresidenz und zum Aufziehen des Nachwuchses den Kinderkobel. Was soll der Geiz?

So ein Eichhörnchen ist ein ausgezeichneter Kletterer und Springer. Mehrere Meter kann das Tier mit einem Sprung zurücklegen – und das in schwindelnden Höhen. Der buschige Schwanz dient dabei zum Steuern und zum Halten des Gleichgewichts. In Köln gibt es Eichhörnchen übrigens überall, wo es Bäume gibt. Also quasi überall. Besonders viele wohnen auf dem Melatenfriedhof.

SÄUGETIER · EICHHÖRNCHEN

Speiseplan: Samen, Nüsse, Knospen, Beeren, Früchte, Pilze, Insekten, Schnecken, Vogeleier, junge Vögel · Familie: Hörnchen · Größe: 20–25 cm · Schwanz: 20–25 cm

8192

—

Nachkommen kann ein einziges Wildkaninchen in einem Jahr theoretisch hervorbringen.

So ein Kaninchen kann nämlich ganze fünf bis sieben Mal im Jahr jeweils um die sechs Junge hervorbringen. Und weil diese schon nach drei Monaten selbst in der Lage sind, sich zu vermehren (und die Kindeskinder und Kindeskindeskinder ebenso), kommen da ziemlich schnell ziemlich viele Kaninchen zusammen.

Die Kölner Karnickel mümmeln in fast allen Parks, auf Friedhöfen, in Vorgärten, Industrieanlagen und sogar auf Verkehrsinseln. Auf dem Süd- und Westfriedhof sogar in so großen Kolonien, dass ihre unterirdischen Höhlen und Gänge die Wiesen zur Einsturz-Gefahrenzone machen könnten. Um das zu verhindern, musste vor einiger Zeit Jagd auf die armen Nager gemacht werden. Kaninchen stehen zwar auch auf dem Speiseplan einiger Kölner Raubtiere – wenn diese die Bestände ernsthaft regulieren wollten, wären sämtliche Füchse, Marder und Greifvögel allerdings schnell übergewichtig. Myxomatose (ein Kaninchenvirus) ist da der einzige natürliche Bestandsregulator.

Die kleinen Mümmler sind ausgesprochen sozial und immer in der Gruppe unterwegs. Bei Gefahr trommeln sie mit den Hinterläufen auf den Boden und warnen so ihre Kameraden, damit alle rechtzeitig in den Bau flüchten können. Die Ohren heißen übrigens Löffel, und der weiße Puschelschwanz wird Blume genannt. Da bekommt der Ausdruck »Etwas durch die Blume sagen« doch gleich 'ne ganze andere Note.

SÄUGETIER · WILDKANINCHEN

Speiseplan: Gräser, Kräuter, Blätter, Früchte, Wurzeln, Baumrinde, Knospen · Familie: Hasen · Größe: 25–35 cm · Schwanz: 4–8 cm

5 000

—

Euro Strafe kann es kosten, Wespen zu töten.

Denn auch wenn Wespen oft nervige und räuberische Gäste beim Park-Picknick oder Kaffeeklatsch im Garten darstellen, sind sie wichtig fürs Ökosystem und stehen unter Naturschutz. Dementsprechend dürfen sie nicht grundlos gefangen, verletzt oder sogar getötet werden. Ausnahmen gelten für Allergiker*innen, für die ein Wespenstich (lebens-)gefährlich werden kann. Bei besonders geschützten Arten wie der Kreiselwespe können sogar bis zu 50.000 Euro Strafe anfallen! Beschädigst oder zerstörst du das Nest einer Wespe ohne vernünftigen Grund, sind ebenfalls bis zu 50.000 Euro Bußgeld fällig, egal welche Art es ist.

Dabei kommen in Köln nur zwei Wespenarten häufig vor: die »Deutsche Wespe« und die »Gemeine Wespe«. Letztere ernähren sich meist vegetarisch von Nektar und zuckerhaltigen Pflanzensäften. Ihre Larven füttern sie allerdings mit einem Brei aus zerkauten Insekten und anderen tierischen Eiweißen. Nicht nur deshalb sind sie auch sehr nützliche Tiere – sie fressen teilweise Mücken und Blattläuse. Auf Kuchen und andere süße Leckereien fahren sie aber auch extrem ab und lassen sich von dort nur ziemlich schwer wieder vertreiben. Was du probieren kannst, um sie zu verscheuchen: vorsichtig mit einem Wasserzerstäuber anspritzen. Dann denken die Wespen, ein Unwetter zieht auf und sie verziehen sich. Anpusten ist dagegen gar keine gute Idee, genauso wenig wie hektisches Fuchteln. Das macht sie nur aggressiv, weil sie sich bedroht fühlen können.

INSEKT · GEMEINE WESPE

Speiseplan: Nektar, zuckerhaltige Pflanzensäfte, Obst, Süßigkeiten, Larven, Insekten · Familie: Faltenwespen · Größe: 11–14 mm (Arbeiterin), 20 mm (Königin)

3564

—

ist der Pantone-Farbwert der grell orangen Nutriazähne.

Jetzt weißt du Bescheid, falls du Köln schon immer mal mit Nutria-Postern zuplakatieren wolltest und genau den richtigen Druck-Farbton dafür brauchst. Die Zähne sind nicht etwa orange, weil Nutrias so viele Möhren fressen - nein, die Farbe kommt von Eisenablagerungen im Zahnschmelz. Babynutrias haben allerdings noch helle Zähne, die Verfärbung kommt erst mit steigendem Alter.

Die Nager kommen eigentlich aus Südamerika und wurden in Deutschland wegen ihres Felles in Pelztierfarmen gezüchtet. Dieses ist mit um die 18.000 Haaren pro Quadratzentimeter nämlich rekordverdächtig dicht. Und auch wenn Goethe Dichter war - sein Kopfhaar war's nicht ansatzweise! Er hatte nur um die 200 Haare pro Quadratzentimeter (so wie die meisten Menschen, auch heute noch). Jedenfalls wurden ein paar dieser Pelztierfarm-Gefangenen vor einigen Jahrzehnten ausgesetzt oder sind ausgebüxt und konnten sich seitdem langsam ausbreiten. Auch in Köln! Wobei hier bisher nur wenige Exemplare beobachtet werden konnten. In Sürth und in der Nähe vom Ebertplatz zum Beispiel.

Nutrias sind auf den ersten Blick leicht zu verwechseln mit Bibern oder Bisamratten. Im Gegensatz zum Biber mit seiner dicken Kelle haben sie aber einen langen, dünnen rattenähnlichen Schwanz und sind mit ihren 60 Zentimetern auch etwas kleiner. Bisamratten sind noch kleiner. Verwandt sind sie auch nicht. Nutrias sind Meerschweinchen-Verwandte, Bisame verwandt mit Wühlmäusen.

SÄUGETIER · NUTRIA

Speiseplan: Wasser- und Uferpflanzen, im Winter auch Rinde und Wurzeln, selten Muscheln · Familie: Myocastoridae · Größe: 60–65 cm · Schwanz: 30–45 cm

2200

—

Gramm Kokain spürten vier Wildschweine in der Wahner Heide auf.

Als ein Kölner Forstwirt mit seinen Kollegen 2010 zur Jagd aufbrach, fiel ihm eine aufgewühlte Stelle im Unterholz auf – Wildschweine hatten offensichtlich eine Plastikbox ausgegraben, in der die weiße Ware in Klebeband eingewickelt lag. Die Dealer hatten bei der Planung ihres Drogenverstecks nicht bedacht, dass in der Wahner Heide Wildschweine wohnen. Und diese haben extrem feine Nasen. Eigentlich durchwühlen sie den Boden auf der Suche nach essbaren Wurzeln, Würmern, Engerlingen, Schnecken oder Pilzen. Neugierig wie sie sind, haben sie dabei aber schnell das Versteck der zigtausend Euro teuren Ware ausfindig gemacht. Anhand von Fingerabdrücken konnte der Täter einige Jahre später sogar überführt werden … dumm jelaufen!

Die eigentlich ziemlich scheuen Waldbewohner und wilden Cousins des Hausschweins trauen sich übrigens immer weiter an Kölns Innenstadt heran. In Dünnwald, Brüggen oder Chorbusch leben einige Exemplare. Andere sind sogar schon bis zum Autobahnkreuz Köln-West vorgedrungen. Auch in Rodenkirchen und Godorf fühlt sich so manches Wildschwein wohl.

Das Wildschweinweibchen heißt übrigens Bache, das Männchen Keiler und die braun gestreiften Jungen werden Frischlinge genannt. Die ganze Familie nennt sich Rotte. Und die Paarungszeit heißt Rauschzeit – auch wenn dort normalerweise keine Drogen im Spiel sind.

SÄUGETIER · WILDSCHWEIN

Speiseplan: Eicheln, Bucheckern, Pilze, Gräser, Essensreste, Mäuse, Vogeleier, Obst, Insekten, Engerlinge · Familie: Schweine · Größe: 110–180 cm · Schwanz: 15–25 cm · Laute: Grunzen und Schnauben

2010

—

war das Glücksjahr des Teichmolches, denn er wurde zum Lurch des Jahres gekürt.

In diesem Jahr wurde dem kleinen Salamander von Wissenschaftler*innen und Hobby-Molchfans (Menschen gibt's ...) besondere Aufmerksamkeit geschenkt. Der Teichmolch gehört zu den Schwanzlurchen und lebt nicht nur im Teich, sondern vom Herbst bis zum Frühjahr auch an Land. Da versteckt er sich dann meist unter Steinen oder im Laub. In dieser Zeit ist er recht unscheinbar. Wenn die Teichmolch-Männchen dann im Frühling aber in die Teiche und Tümpel wandern, um für molchigen Nachwuchs zu sorgen, brezeln sie sich ordentlich auf, um bei den Weibchen noch besser anzukommen, und legen sich ihre Wassertracht an: Dann bekommen sie einen hohen, gewellten Kamm, der sich vom Kopf bis zum Schwanz erstreckt, und einen knallorangen Bauch. Dazu sind sie mit vielen schwarzen Tupfern übersät. Der Teichmolch-Balztanz besteht übrigens aus vibrierenden, peitschenartigen Schwanzbewegungen. Sexy!

Dass der Teichmolch zwar eine der häufigsten Molcharten, aber trotzdem selten ist, liegt vor allem an der Zerstörung und Verschmutzung von kleinen Gewässern.

In Köln kannst du die Teichmolche mit etwas Glück im Nachbargarten, den Tümpeln und Weihern im Worringer Bruch, im Naturschutzgebiet Am Ginsterpfad oder im Königsforst beobachten. Dort leben auch noch drei andere Molcharten: der Fadenmolch, der Bergmolch und der Nördliche Kammmolch.

AMPHIBIE · TEICHMOLCH

Speiseplan: Schnecken, Würmer, Insekten, Wasserflöhe, Larven, Laich von anderen Amphibien · Familie: Echte Salamander · Größe: 9 – 11 cm

2000

—

Insekten vertilgt die Mopsfledermaus in einer einzigen Nacht.

Wenn die Fledermaus mit Mopsgesicht in der Abenddämmerung aus ihrem Versteck aufbricht und auf Beutezug geht ... ääh fliegt, bleibt in ihrem Radius (fast) kein Fluginsekt sicher. Ihre Leibspeise sind nachtaktive Kleinschmetterlinge, Mücken und andere Zweiflügler. Bis zu 30 Prozent ihres eigenen Körpergewichts kann sie pro Nacht erbeuten! Für einen 80 Kilogramm schweren Menschen wären das hochgerechnet ganze 24 Kilo! Holla die Waldf..ledermaus!

Um sich in der Dunkelheit zu orientieren, nutzt das Flattertier seine faszinierenden Echoortungs-Skills und kann damit seine Beute auf den Millimeter genau erspüren und Hindernissen ausweichen. Wusstest du, dass die Ultraschallgeräte, mit denen man die Laute der Fledermäuse hörbar machen kann, erst in den 90ern entwickelt wurden? Verrückt.

Leider ist die Mopsfledermaus mit ihren speziellen Lebensraumansprüchen vom Aussterben bedroht – so wie die meisten heimischen Fledermausarten. Das liegt zum einen an der Intensivierung der Landwirtschaft und dem daraus folgenden Insektenschwund. Zum anderen an der Zerstörung von Lebensräumen durch moderne Bauten, in denen es keine Unterschlüpfe mehr gibt. Aber tatsächlich leben noch einige Mopsfledermäuse in der Wahner Heide oder auch in waldnahen Gartenanlagen und Heckengebieten.

Sie sind ziemlich gesellig. Im Frühjahr schließen sich bis zu 20 Weibchen zusammen, um in »Wochenstubenkolonien« gemeinsam die Jungen aufzuziehen.

SÄUGETIER · MOPSFLEDERMAUS

Speiseplan: kleine nachtaktive Schmetterlinge, Mücken und andere Zweiflügler · Familie: Glattnasen · Größe: 4,5–5,8 cm · Flügelspannweite: 26–29 cm · Laute: Rufe im Ultraschallbereich

1945

—

war eine Fliegerbombe mit Schuld, dass sich der Waschbär in Deutschland ausbreitete.

Eigentlich kommt der Kleinbär nämlich aus Nordamerika und wurde in Europa nur wegen seines schicken Pelzes gehalten (pfui!). Als eine Bombe im Zweiten Weltkrieg eine Pelztierfarm in der Nähe von Berlin traf, wurde diese zerstört. Um die 25 Tiere überlebten jedoch und flohen. Glück im Unglück. Hinzu gesellten sich noch einige ausgesetzte Tiere und andere Gefangenschaftsflüchtlinge, und so kommt es, dass mittlerweile auch in Köln Waschbären leben. Vor allem im äußeren Grüngürtel, der Wahner Heide und in Chorweiler.

Der Tisch ist für die nachtaktiven Allesfresser in der Stadtumgebung reich gedeckt – Parkmülleimer bieten allerhand Köstlichkeiten und auch Mülltonnen-Deckel sind für die schlauen Tiere kein Hindernis. Auch wenn sie ziemlich süß und unschuldig aussehen, füttern solltest du sie auf keinen Fall. Das ist sogar streng verboten und kann ganze 5.000 Euro Bußgeld kosten. Weil sie neben Essensresten auch mal Vogeleier aus den Nestern klauen und hier keine natürlichen Feinde haben, wäre es fatal, wenn sie sich noch weiter ausbreiten.

Alles, was der Waschbär in die Pfoten kriegt, wird gedreht, gewendet und genauestens überprüft. Das sieht dann so aus, als wolle er seine Fundstücke waschen. Daher sein Name. Der reinliche Waschbär wird aber auch in anderer Hinsicht seinem Namen gerecht: In einer Gruppe benutzen alle denselben Platz als Klo. So so.

SÄUGETIER · WASCHBÄR

Speiseplan: Essensreste, Regenwürmer, Schnecken, Insekten, junge Vögel und Mäuse · Familie: Kleinbären · Größe: 50–65 cm · Schwanz: 20–25 cm

1890

—

wurde das Leben der Kölner Kanalratten durch den pompösen Kronleuchtersaal erhellt.

Na ja – eigentlich wurde dieser unterirdische Saal zwar errichtet, um Kaiser Wilhelm II. höchstselbst bei der Eröffnung des (damals ziemlich fortschrittlichen) Abwassersystems zu beeindrucken, aber die Kanalratten freuen sich seitdem bestimmt noch viel mehr über diesen mucklich beleuchteten Raum östlich des Ebertplatzes, sieben Meter unter der Erde. Die meisten Exemplare der Kölner Rattenpopulation wohnen nämlich tief unter uns – deswegen bekommen wir sie auch nicht allzu oft zu Gesicht. Dabei tummeln sich um die drei bis fünf Millionen Langschwänze in Köln!

Vor einigen hundert Jahren kamen sie als blinde Passagiere auf Handelsschiffen nach Europa und haben sich seitdem rasant vermehrt und ausgebreitet – vor allem in Großstädten wie Köln. Kein Wunder – diese eine Sache können sie nämlich extrem gut ... Ein Rattenweibchen kann bis zu sechs Würfe im Jahr haben, mit je fünf bis zehn Jungen, welche schon nach drei Monaten selbst in der Lage sind, sich zu vermehren. Ein einziges Rattenpaar kann innerhalb eines Jahres also theoretisch gigantische 93.312 Nachkommen hervorbringen.

Die geselligen Tiere leben in riesigen Familienverbänden, in denen eine klare Rangordnung herrscht. Am speziellen Gruppenduft können sich die Mitglieder erschnuppern und wiedererkennen. Ein eigenes Verständigungssystem haben sie auch: Mit Lauten im Ultraschallbereich tauschen sie sich aus. Alles ganz geheim, denn für uns sind diese Frequenzen nicht hörbar. Ist vielleicht auch besser so.

SÄUGETIER · WANDERRATTE

Speiseplan: Essensreste, Aas · Familie: Langschwanzmäuse · Größe: 21–28 cm · Schwanz: 17–23 cm

1200

—

Schnabelstöße pro Minute schafft der Grünspecht beim Nestbau.

Das sind rekordverdächtige 20 Hacker pro Sekunde! Nicht schlecht, Herr Specht! So höhlt er alte Bäume aus, um sein Nest zu bauen. Damit das kleine Spechtgehirn das ganze Meißeln und Trommeln überhaupt aushält, haben sowohl Schnabel als auch Hirn eine federnde Verbindung zum Schädel. Und der Schädel birgt noch mehr Wunder. Wusstest du eigentlich, dass Vögel Zungen haben? Abgefahren. Die Zunge vom Grünspecht hat dazu noch die gigantische Länge von bis zu zehn Zentimetern. Rechne das mal hoch! Du würdest dich ohne Probleme selbst am A...llerwertesten lecken können. Der Specht hat damit aber anderes im Sinn, er nutzt das schlabberige Gerät, um an Insekten kurz unter der Erdoberfläche auf Wiesen und lockeren Böden zu kommen. Objekt der Begierde ist dabei vor allem die Ameise – seine absolute Leibspeise. Weil er sich so viel auf dem Boden aufhält, wird er gern auch Erdspecht genannt.

In Köln ist der Grünspecht vor allem in Kleingartenanlagen, auf Industriebrachen oder auf Friedhöfen mit alten Bäumen zu finden. Zum Beispiel auf dem Melatenfriedhof.

Wundere dich also nicht, wenn du auf dem Friedhof mal ein ziemlich lang andauerndes Lachen hörst: Es kann gut sein, dass es ein Grünspecht ist. Sein »Gesang« hört sich nämlich an wie menschliches Gelächter. Da ist sein zweiter Spitzname »Lachspecht« also ganz passend.

VOGEL · GRÜNSPECHT

Speiseplan: Ameisen · Familie: Spechte · Größe: 32 cm · Flügelspannweite: 52 cm · Laute: hahahahaha

1095

—

Tage kann ein Mauersegler ununterbrochen in der Luft bleiben.

Das sind unglaubliche drei Jahre! Er jagt, frisst und trinkt in der Luft, paart sich in der Luft, und sogar schlafen kann er ohne zu landen. Das funktioniert, indem er seine Gehirnhälften abwechselnd in einen Standby-Modus stellen kann. Nach zwei bis drei Stunden ist er dabei schon komplett ausgeschlafen. Wie praktisch!

Der Mauersegler kann aber noch mit einigen anderen abgefahrenen Eigenschaften auftrumpfen: Im Flug kann er bis zu 180 Stundenkilometer schnell werden! Und im Jahr legt er bis zu 140.000 Kilometer zurück – das sind ganze dreieinhalb Erdumrundungen! Als sogenannter Langstreckenzieher überwintert er nämlich jedes Jahr südlich der Sahara. Und weil er so gut wie nie landet (lediglich zum Brüten), haben sich seine Füße beinahe komplett zurückgebildet. Sein lateinischer Name »Apus apus« bedeutet auch »fußlos«.

Auch wenn er von unten einer Schwalbe ähnelt, ist er überhaupt nicht mit ihr verwandt. Am besten kannst du Mauersegler vom Boden aus an den sichelförmigen, schmaleren Flügeln erkennen.

An das Leben in Köln hat sich der Mauersegler ziemlich gut angepasst: Er brütet an alten Gebäuden mit reliefreichen Strukturen und Hohlräumen, von denen es wegen der vielen Sanierungen aber leider immer weniger gibt. Passende Nistkästen können da eine sehr gute Hilfe sein!

VOGEL · MAUERSEGLER

Speiseplan: flugfähige Insekten · Familie: Segler · Größe: 17 cm · Flügelspannweite: 38–40 cm · Laute: hohes, schrilles, oft gereihtes srieh srieh

850

—

Mal so viel wie sein eigenes Körpergewicht kann ein Nashornkäfer heben.

Damit ist er im Vergleich zu seiner Körpergröße eines der stärksten Tiere überhaupt. Wenn wir Menschen so viel Kraft hätten, könnten wir zehn Elefanten auf einmal heben. Da wäre selbst Pippi Langstrumpf neidisch.

Bevor ein Nashornkäfer so stark wird, muss er sich allerdings bis zu fünf lange Jahre als Larve vollfuttern und verschiedenste Stadien durchleben. Im letzten Stadium kann die Larve, die übrigens »Engerling« genannt wird, bis zu zehn Zentimeter (!) lang werden. Und fingerdick! Vielleicht nicht so schön anzusehen, aber im Komposthaufen supernützlich. Engerlinge machen nämlich einen wichtigen Teil der Zersetzung aus. Und weil sich sowohl der Engerling als auch der Käfer nur von abgestorbenen Pflanzenteilen und austretenden Baumsäften ernährt, sind sie Nützlinge durch und durch.

Ist der Nashornkäfer dann endlich fertig, ist er ein ziemlich hübsches Geschöpf mit einem imposanten Horn. Ab und zu kannst du auch in Köln das Glück haben, einen zu erblicken, zum Beispiel auf den bewaldeten Flächen an der Zündorfer Groov. Aber vor allem in Gärten mit Komposthaufen. Also Vorsicht beim Umgraben! Laut Bußgeldkatalog kann es bis zu 50.000 Euro kosten, einen dieser seltenen Prachtkäfer zu töten oder zu verletzen.

INSEKT · NASHORNKÄFER

Speiseplan: tote Pflanzenteile, Baumsaft · Familie: Blatthornkäfer · Größe: 2–4 cm (Käfer), 7–10 cm (Larve)

700

—

Mal fliegt eine Kohlmeise täglich hin und her, um ihre Jungen zu füttern.

Bei sieben bis zehn hungrigen Mäulern, die jede Minute eine Raupe wollen, sind Kohlmeiseneltern dementsprechend ganz schön auf Achse. Und das von 5:30 Uhr bis 21:30 Uhr. Nix hier mit Nine-to-five-Job!

Und die Eltern opfern sich noch mehr für ihren Nachwuchs auf: Nach der Fütterung warten sie einen Moment, bis die Jungen ihr Geschäft vollbracht haben, um die Häufchen zu fressen. Mmh lecker. Das machen sie aber nur in den ersten Tagen, später tragen sie die Häufchen davon. Das Nest muss schließlich sauber gehalten werden. Nach etwa drei Wochen sind die Jungen flügge, werden aber noch für weitere zehn Tage durchgefüttert. Vogelhäuschen und Meisenknödel sind in der kalten Jahreszeit oft besuchte und sehr gern angenommene Futterquellen.

Im Winter schläft die Kohlmeise in einzelnen Schlafhöhlen. Ein Männchen bringt das Weibchen dorthin und holt es auch wieder ab, um Fremdgehen zu verhindern. Was'n Macho!

In Köln findest du die »Kollemeis« in fast allen Parks, auf Friedhöfen, in den Stadtwäldern und in Gärten. Sie steht regelmäßig auf dem Siegertreppchen der Gartenvogelzählungen, die jeden Winter vom NABU angeleitet werden.

Bei der Suche nach geeigneten Nistplätzen sind die Kölner Kohlmeisen nicht sehr wählerisch – ein Pärchen brütete mal im Fassadenspalt eines Altbaus in Neu-Ehrenfeld, in gerade mal zwei Metern Höhe.

VOGEL · KOHLMEISE

Speiseplan: Insekten, Larven, Würmer, Samen · Familie: Meisen · Größe: 14 cm · Flügelspannweite: 25 cm · Laute: tsi-da tsi-da tsi, tsi-da-tsit oder dädädä

650

—

Kilometer nahm ein einsamer Wolf auf sich, um Ehrenfeld einen Besuch abzustatten.

Es ist nicht unüblich, dass junge Wölfe, nachdem sie ihr elterliches Rudel auf der Suche nach einem eigenen Revier verlassen, mehrere hundert Kilometer wandern.

Dass dieses Exemplar aus der Alpenregion nun ausgerechnet nach Köln wanderte, ist allerdings schon recht unüblich. Zumal Köln nicht unbedingt die optimalen Wolfsbedingungen bietet. Das hat dieser Wolf aber auch recht schnell festgestellt. Nachdem er noch an vier Schafen in der nördlichen Rheinaue knabberte, verpieselte er sich wieder und zog weiter. Trotzdem konnte er in der Nacht vom 19. Mai 2021 von so einigen Kölner*innen bewundert werden und tauchte sogar auf mehreren Aufnahmen von Überwachungskameras auf. Was für eine Attraktion.

Tatsächlich gibt es in Deutschland wieder eine erstaunlich große Anzahl an Wölfen. Nachdem sie hier die letzten 150 Jahre als ausgerottet galten, ist es ein wahrer Erfolg, dass die majestätischen Tiere langsam ihren alten Lebensraum zurückerobern. Genug Futter – also Rehe, Rotwild und Wildschweine (die zuletzt keine natürlichen Feinde hatten und dementsprechend vermehrt gejagt werden mussten) gibt es hier schließlich auch. Die meisten deutschen Wölfe kommen im Osten, vor allem in Brandenburg und Sachsen, vor. Dort wurden 2019 und 2020 ganze 75 Wolfsrudel (Elterntiere und ihr Nachwuchs) und elf Paare dokumentiert.

In Nordrhein-Westfalen wurden zuletzt lediglich ein Paar und ein Einzeltier dokumentiert. Da geht noch was!

SÄUGETIER · WOLF

Speiseplan: Rehe, Rotwild, Kaninchen, Hasen, ganz selten auch mal Schafe · Familie: Hunde · Größe: 100–160 cm (Kopf-Rumpf-Länge), 66–91 cm (Schulterhöhe)

500

—

Zentimeter tief kann ein Dachs seinen unterirdischen Bau graben.

So deep! So ein Dachsbau hat viele verschiedene Eingänge und ist supergeräumig. Von jeder Dachs-Generation wird der Bau um mehrere Wohnkammern (genannt Kessel) erweitert und die Luxusbude somit jahrzehntelang bewohnt. In England wurde einer dieser Dachsbaue mal genauer untersucht – er bestand aus 50 Kammern mit insgesamt 178 Eingängen, die durch gigantische 879 Meter Tunnel miteinander verbunden waren!

Nicht selten müssen die grabtüchtigen Riesenmarder (ja, Dachse gehören zur Marderfamilie) ihre mühevoll errichteten Luxusbuden vor Füchsen verteidigen. Diese Miethaie ääh… -füchse gewinnen aber den Kampf leider recht oft. Und das hatte gerade in den 70er Jahren ziemlich verheerende Konsequenzen für den Dachs. Denn damals war die Tollwut noch stark verbreitet, und in viele Fuchsbauten wurde Gas eingeleitet. Die Folge: Neben Füchsen wurden auch unzählige Dachse getötet. Inzwischen haben sich die Bestände aber wieder etwas erholt. Ein Glück!

Die Chancen, mal so einen Dachs zu erblicken, stehen aber leider trotzdem recht schlecht. Der ist nämlich nachtaktiv und ziemlich scheu. Auch wenn er kein typischer Stadtbewohner ist, wurden tatsächlich schon mal einige Tiere in Kölner Parks gesichtet – aber am wohlsten fühlen sie sich in den Stadtwäldern, im Chorbruch oder der Wahner Heide.

SÄUGETIER · DACHS

Speiseplan: Käfer, Regenwürmer, Wühlmäuse, Vogeleier, Früchte, Beeren, Wurzeln · Familie: Marder · Größe: 65–88 cm · Schwanz: 11–18 cm

480

—

Kackhäufchen produziert eine einzige Nilgans am Tag.

Da kommt bei den Kölner Nilgänsen einiges zusammen. Vor einigen Jahren wurden 15 bis 30 Brutpaare gezählt. Heute sind es vermutlich noch einige mehr – der Bestand steigt jährlich um etwa sieben Prozent. In Köln finden sie die perfekte Kombination aus sicheren Brutgebieten auf Stadtpark-Inseln und einen reich gedeckten Tisch auf gepflegten Grünstreifen. Gemähte Wiesen mögen sie am liebsten, hier ist das Gras besonders nahrhaft, und sie können alles gut überblicken.

Nilgänse kommen eigentlich, wie der Name schon verrät, aus dem Titicacasee (nee Moment, aus dem Nil natürlich) – in Europa hat man sie nur in Zoos und in vornehmen Gärten als Ziervögel gehalten. In den 90ern sind aber wohl einige Exemplare aus niederländischen Zoos ausgebüxt und haben sich seitdem auch in Deutschland breitgemacht. Vor allem entlang des Niederrheins, mit seinem milden Klima. Wissenschaftliche Bezeichnung für solche, mit menschlicher Hilfe (ob freiwillig oder unfreiwillig) angesiedelte Tierarten: Neozoen. Ob sie in Köln auch als »invasive Art« gelten, ist noch umstritten. Als invasiv werden Tier- und Pflanzenarten bezeichnet, die heimische Arten aus ihren Lebensraum verdrängen. Bisher ist die Koexistenz von Nilgänsen und zum Beispiel den heimischen Graugänsen, Schwänen und anderen Enten aber meist friedlich verlaufen.

Während der Brutzeit kann das aber ganz anders aussehen: In dieser Zeit haben die »Imis« ein hohes Aggressionspotential gegenüber anderen Wasservögeln und schmeißen nicht selten mit Beleidigungen um sich: Honk honk honk!

VOGEL · NILGANS

Speiseplan: Gräser, Blätter, Samen, aber auch mal Würmer und Heuschrecken · Familie: Entenvögel · Größe: 70–75 cm · Flügelspannweite: 135 cm · Laute: wräd-wräd, honk-hää-hää-hää oder honk-honk-honk

400

—

verletzte und kranke Igel nahm die Igelstation in Puhlheim jährlich im Durchschnitt auf.

Leider musste die Igelstation vor ein paar Jahren schließen, weil die ehrenamtliche Betreiberin nach 40 Jahren Igel-Pflege in den wohlverdienten Ruhestand ging. In anderen Kölner Tierheimen und Igelstationen sieht es aber ganz ähnlich aus. Das Tierheim in Zollstock zum Beispiel kriegt teilweise bis zu drei Igel-Notrufe täglich.

Denn leider werden immer mehr Igel von Mährobotern, elektrischen Rasentrimmern oder Heckenscheren verletzt, verstümmelt oder sogar getötet. Gegen die scharfen Klingen schützen ihre 6.000 bis 8.000 Stacheln die kleinen Igel leider keineswegs. Gegen Autos richten die verhornten Haare auch wenig aus. Die erstmal gut klingende Nachricht, dass immer weniger Igel von Autos überfahren werden, ist eigentlich eine schlechte – denn es gibt kaum mehr welche, die überhaupt überfahren werden könnten. Die Igel-Bestände sind in den letzten Jahren drastisch gesunken. So traurig!

Umso wichtiger ist es, alles daran zu setzen, den kleinen Insektenfressern bessere Lebensbedingungen in Köln zu schaffen. Ruhig mal Ecken im Garten unaufgeräumt, Laub und Holzhaufen liegen lassen, keine giftigen Pflanzenschutzmittel benutzen. Mähroboter wenn überhaupt nur am Tag laufen lassen – nicht in der Dämmerung oder nachts, wenn die Igel aus ihren Verstecken kommen und auf Nahrungssuche gehen. Und mehr dichte wilde Hecken stehen lassen. Sein englischer Name »Hedgehog« – Heckenschwein – verrät ganz gut, was sein Lieblingsspot ist.

SÄUGETIER · BRAUNBRUSTIGEL

Speiseplan: Insekten, vor allem Laufkäfer, Falter, Maden und Larven, Schnecken, Regenwürmer oder auch Essensreste · Familie: Igel · Größe: 22–27 cm · Schwanz: 2–3 cm

365

—

Tage lang wurde der Star seinem Namen gerecht und war Vogel des Jahres.

Das war im Jahr 2018. In dieser Zeit wurde ihm besondere Aufmerksamkeit geschenkt. Leider aus traurigem Anlass: Denn obwohl der Star lange Jahre einer der häufigsten Stadtvögel in Köln und auch sonst in Deutschland war, hat der Bestand in den letzten Jahren stark abgenommen. In NRW sogar um gigantische 80 Prozent. Verdammt! Vor allem der Insektenschwund, durch immer intensivere Landwirtschaft und Pestizideinsatz, macht ihm zu schaffen.

In Köln hast du aber mit aufmerksamen Blick trotzdem noch die Gelegenheit auf ein »Meet and Greet« mit einem echten Star – im inneren Grüngürtel zum Beispiel, wo er mit seinem lustigen Gang über die Parkwiesen trippelt und nach Insekten sucht. Und es lohnt sich wirklich, so einen Star mal genauer zu betrachten: Sein lila-türkis schillerndes Diskokugel-Gefieder ist eine wahre Augenweide.

Stare kommen übrigens nur in Scharen vor. Im Herbst sind kurz vor der Dämmerung die ziemlich imposanten Schwarm-Flüge vieler Tausender Stare am Himmel nahe ihrer Gemeinschafts-Schlafplätze zu beobachten.

Wusstest du, dass Stare ziemlich intelligent und meisterhaft darin sind Töne zu imitieren? Abgesehen vom täuschend echten Nachahmen anderer Vogelstimmen, können sie auch Heuschreckenzirpen, Froschquaken oder Handy-Klingeltöne imitieren. In England musste sogar mal ein Fußballspiel abgesagt werden, weil ihre gekonnt nachgeahmten Schiri-Pfiffe die Spieler zu sehr verwirrten.

VOGEL · STAR

Speiseplan: Würmer, Schnecken, Beeren, Obst, Insekten, Samen · Familie: Stare · Größe: 22 cm · Flügelspannweite: 40 cm · Laute: schwätzender Gesang aus ansteigenden oder abfallenden Pfeiftönen, klingelingeling …

360

—

Grad Rundumsicht erreicht der Feldhase mit seinen Glubschaugen.

Das macht es ziemlich schwer, sich unbemerkt an einen Hasen ranzuschleichen. Sein gutes Hörvermögen macht die Sache auch nicht gerade leichter. Allerdings stehen die Chancen in Köln leider eh nicht so gut, die Langohren zu erblicken. Sie kommen nur an den Stadträndern, in den Feldern um Weiler und Worringen, in der Wahner Heide oder in Zündorf vor. Apropos Langohren: Um die 15 Zentimeter können die Löffel, wie die Ohren auch genannt werden, lang werden und bieten damit ein ziemlich gutes Unterscheidungsmerkmal zum kurzohrigeren und kleineren Wildkaninchen. Das wiederum kann man in fast allen Parks und auf den Friedhöfen Kölns beobachten.

Eigentlich ist so ein Feldhase Einzelgänger. In Köln kommt er aber auch öfters in Gruppen vor. Während der Paarungszeit gehen die männlichen Hasen wie Boxer aufeinander los. Aufgerichtet auf den Hinterbeinen, rangeln sie so um ein Weibchen. Die Kämpfe können die ganze Nacht andauern. Hui! Hasen können nicht nur gut boxen, sondern auch verdammt schnell rennen. Bis zu 80 Kilometer pro Stunde. Und auch in der Kategorie Hochsprung schneiden sie ziemlich gut ab: Bis zu zwei Meter hoch springt so ein Hase. Ein 1,70 Meter großer Mensch würde hochgerechnet dann mal eben 7,50 Meter springen können. Ganz entspannt in den zweiten Stock hüpfen... easy! Leider machen viele Hasen mit ihren Sprints und Sprüngen keinen Halt vor Straßen, sodass deutschlandweit jährlich um die 60.000 Hasen Opfer von Autos werden. Traurig!

SÄUGETIER · FELDHASE

Speiseplan: Gräser, Kräuter, Wildfrüchte, Triebe und Knospen · Familie: Hasen · Größe: 40–70 cm · Schwanz: 7–13 cm

DÖNERKE

300

—

Kilogramm Fritten, Dönerreste und anderen Parkmüll verspeisen die Kölner Füchse täglich.

Also alle zusammen. Denn es leben mittlerweile, ganz still und heimlich, um die 1.000 Füchse unter uns – und die haben Hunger. Manchmal steht auch eine Ratte, ein Kaninchen oder der ein oder andere Regenwurm auf dem Speiseplan. Das Nahrungsangebot in Köln ist einfach zu verlockend, und Leckerbissen wie diese sind oft Bestandteile ihrer dunkelbraunen, um die acht Zentimeter langen Kackwürstchen mit weißer Spitze. Und wie nennt man diese Würstchen? Des Rätsels Lösung heißt »Losung«. Der Fuchs markiert sehr gern sein Territorium oder gute Futterstellen mit seiner Losung und platziert sie an gut sichtbaren Stellen. Mmh lecker… Aber jetzt genug des Kotcontents!

Lieblingsorte der Kölner Füchse sind sämtliche Parks, zum Beispiel der Volksgarten, Friedhöfe wie der Melatenfriedhof oder die Gleisbetten der Straßenbahn – es kommt aber nicht selten vor, dass sie mitten in der Innenstadt herumschlendern, auf dem Kartäuserwall oder am Waidmarkt zum Beispiel. Allerdings bevorzugt nachts.

So ein Fuchs kann übrigens extrem gut riechen und hören, hört sogar Regenwürmer kriechen! Füchse zählen zu den Hundeartigen. Deshalb heißen die Jungen auch Fuchswelpen. Mäuse und andere kleine Tiere fängt er allerdings mit einem Sprung, der dem einer Katze ähnelt: »Katzensprung«.

SÄUGETIER · ROTFUCHS

Speiseplan: Essensreste, Mäuse, Würmer, Früchte · Familie: Hundeartige · Größe: 60–80 cm · Schwanz: 35–50 cm · Laute: Bellen, Heulen, Winseln (krächziger als Hunde)

260

—

verschiedene und komplexe Strophen hat eine Nachtigall in ihrem Gesangsrepertoire.

Das sind 'ne ganze Menge! Nachtigallmännchen wollen mit ihrem Gesang den Weibchen imponieren. Und weil die Weibchen vor allem zwischen zwei und vier Uhr nachts aktiv sind, schmettern sie dann eben mitten in der Nacht ihre prächtigsten Lieder in die Welt. Sobald sie eine Partnerin gefunden haben, singen sie aber nur noch tagsüber, um ihr Revier zu verteidigen. Hörst du im frühen Sommer in Köln nachts noch Nachtigallen singen, handelt es sich dabei um die letzten verbliebenen Junggesellen, die alles dafür geben, noch eine Partnerin zu finden.

Der Nachtigallengesang ist so schön, dass selbst prominente Komponisten wie Beethoven oder Chopin sich davon inspirieren ließen und die Melodien in ihren Kompositionen nachempfunden haben.

In Köln gibt es leider nur noch vereinzelt Nachtigallen in Rodenkirchen oder im Umkreis der Wahner Heide. Den Winter verbringen sie aber nicht hier, sondern ziehen in den warmen Süden, nach Afrika. Wahrscheinlich ist ihnen der Kölner Winter einfach zu grau.

Die »Nachtigall« in der Körnerstraße bleibt allerdings das ganze Jahr hier ... wobei der grölende Gesang, der manchmal aus ihr ertönt, eher keine großen Komponist*innen inspiriert.

VOGEL · NACHTIGALL

Speiseplan: Insekten, Larven, Würmer, Spinnen · Familie: Fliegenschnäpper · Größe: 16 cm · Flügelspannweite: 26 cm · Laute: sehr komplexe Einzel- und Doppeltöne, manchmal huit, kaarr, taktak

240

—

Mal schlagen die Flügel einer Hummel pro Sekunde.

So kommt es, dass die Brummer trotz ihrer pummeligen Statur fliegen können. Ganz hervorragend sogar! Sie sind echte Flugakrobatinnen und können selbst bei Wind und Wetter vorwärts, rückwärts, auf und ab fliegen. Bis zu 18 Stunden sind die Zeppeline unter den Bienen (ja, Hummeln gehören zu der Familie der Bienen) täglich unterwegs und fliegen auf der Suche nach Nahrung mehrere tausend Blüten an, saugen mit ihren langen Rüsseln den süßen Nektar auf und sammeln Pollen. Auch auf den Poller Wiesen.

Wusstest du, dass jede Hummel einen eigenen Fußgeruch hat? Verrückt! Dieser hilft ihnen dabei, zu erkennen, ob sie selbst oder eine Kollegin eine Blüte bereits angeflogen hat – diese also schon leergetrunken ist. So riechen sie direkt, ob sich eine Landung lohnt.

Allerdings hilft ihnen diese Geruchserkennung im Spätsommer leider nicht. Vielleicht ist dir auch schon aufgefallen, dass zu dieser Zeit oft viele tote Hummeln unter den Linden liegen. Die Silberlinde ist eine der letzten Blüher des Jahres, und wenn sonst kein Nektar mehr zu finden ist, zieht es die Summer und Brummer Kölns dorthin. Und weil sie sich alle dort tummeln, ist die Konkurrenz für die Hummeln ziemlich groß. Da ihr Energieverbrauch aber viel höher ist als der von Bienen, kommen sie oft völlig geschwächt an den bereits leergetrunkenen Lindenblüten an, und ihnen fehlt ohne stärkenden Nektar die Kraft zum Weiterfliegen. Wirklich traurig.

INSEKT · DUNKLE ERDHUMMEL

Speiseplan: Nektar, Pollen, manchmal auch Honigtau · Familie: Bienen · Größe: 20–23 mm (Königin), 11–17 mm (Arbeiterin) · Laute: brummmmmmmm

180

—

Sekunden braucht ein Maulwurf nur, um einen Meter bei seiner Grabungsarbeit voranzukommen.

Was für eine enorme Geschwindigkeit – immerhin ist er gerade einmal 16 Zentimeter klein. Eine echte Kraftmaschine! Die überschüssige Erde schiebt er dabei nach oben, sodass etwa alle 50 bis 100 Zentimeter einer seiner unbeliebten Maulwurfshügel entsteht. Ob er die Hügel dabei in vornehmen Kölner Gärten, Parks oder Sportplätzen platziert, ist ihm ziemlich schnuppe. Dadurch dass Maulwürfe unter Artenschutz stehen, lässt sich dagegen nicht allzu viel machen. Gartenbesitzer*innen sollten sich auch eigentlich glücklich schätzen, denn die Anwesenheit von Maulwürfen zeigt, dass der Boden sehr gesund ist.

Jeder Maulwurf hat übrigens sein eigenes Gängesystem (welches er auf einer gigantischen Fläche von sechs Quadratkilometern ausbreiten kann!). Maulwürfe sind nämlich ausgeprägte Singles. Nur zur Paarungszeit kommen Männchen und Weibchen zusammen. Und diese ist ziemlich kurz: Ein Maulwurfsweibchen ist nur etwa 30 Stunden paarungsbereit und verscheucht das Männchen fauchend, wenn es zur falschen Zeit kommt.

Unter der Erde orientieren sich die fast blinden Tiere mithilfe ihrer sensiblen Tasthaare. Gut zu wissen: die heißen »Vibrissen«. Viel sehen kann man unter der Erde ja eh nicht. Und damit sie in den engen Gängen besser vorwärts- und rückwärtskrabbeln können, hat ihr Fell keinen »Strich«, also keine Richtung, in die es wächst. Praktisch!

SÄUGETIER · MAULWURF

Speiseplan: Insekten, vor allem Larven und Regenwürmer · Familie: Maulwürfe · Größe: 8–16 cm

153,3

—

Tonnen Taubenkacke regnet's jährlich auf Köln.

Mmh lecker! Das sind ganze 420 Kilogramm täglich! Besonders viel davon musste bisher der Dom abkriegen – der stellt mit seinen vielen steinernen Nischen und Vorsprüngen nämlich einen hervorragenden Felsenersatz und Brutplatz für viele der rund 20.000 Kölner Stadttauben (die ursprünglich von der Felsentaube abstammen) dar. Leider wird das für den Dom auf Dauer zum Problem, weil der Säuregehalt der weiß-braunen Flatschen seine alte Bausubstanz angreift und dessen Verwitterung beschleunigt. Seit einigen Jahren will nun ein Berufsfalkner mit seinen Greifvögeln Abhilfe schaffen. Er lässt seine Falken und Bussarde alle paar Wochen über der Kathedrale kreisen. Töten sollen sie die Tauben nicht – aber ihre bloße Anwesenheit reicht mitunter schon aus, dass die Vögel reißaus nehmen und sich auf Dauer woanders ansiedeln.

Taub sind Tauben übrigens keineswegs – sie können sogar ziemlich gut hören. Besonders gut nehmen sie tiefe Frequenzen wahr und können sich mithilfe dieser vor allem auf langen Strecken bestens orientieren (weshalb sie früher als Brieftauben auch einen hervorragenden Job gemacht haben).

Und schön sind sie auch noch! Ist dir schon mal aufgefallen, was für ein schönes, grün-lila schillerndes Gefieder die meisten Stadttauben am Hals haben? Ihr schlechtes Image haben sie gar nicht verdient.

VOGEL · STADTTAUBE

Speiseplan: Körner, Samen, Brotkrümel, Insekten, Schnecken · Familie: Tauben · Größe: 31 – 34 cm · Flügelspannweite: 68 cm · Laute: guuurr gurr, gang-grrru-guruu-u

150

—

Zauneidechsen verzögerten den Ausbau des alten Güter- und Rangierbahnhofes in Nippes.

Das 23 Hektar große Gelände sollte zu einem ICE-Instandhaltungswerk umgebaut werden. Da es sich allerdings ziemlich viele Zauneidechsen zwischen den alten Schienen gemütlich gemacht hatten, mussten diese erst einmal eingefangen und umgesiedelt werden. Als neues Quartier wurde eine große Fläche in Zollstock gefunden.

Die Zauneidechse steht, wie so ziemlich alle bei uns beheimateten Reptilien, unter Naturschutz. Sie fühlt sich nicht nur auf Bahndämmen wohl, sondern mag auch naturnahe Gärten, Brachflächen und Lebensräume entlang von Zäunen. Jetzt weißt du auch, woher sie ihren Namen hat.

Zauneidechsen gehören übrigens zur Gattung der Smaragdeidechsen. Bei den wunderschön grün schillernden Schuppen der ausgewachsenen Männchen ein verständlicher Name. Die Weibchen sind eher unscheinbar braun gefärbt, aber dadurch auch besser vor Fressfeinden getarnt. Die Liste dieser ist leider ganz schön lang: Füchse, Möwen, Falken, aber auch streunende Hauskatzen stehen darauf ganz oben. Die frisch geborenen »Schlüpflinge« müssen sich sogar vor ihren eigenen Eltern in Acht nehmen, um nicht gefressen zu werden. Na holla!

Zauneidechsen sind wechselwarm, sie brauchen äußere Wärme, um ihren Organismus auf »Betriebstemperatur« zu bringen. Dafür verharren sie besonders gern auf Steinen, um ein Sonnenbad zu nehmen. Erst nach dem Warm-Up geht's auf Insektenjagd.

REPTIL · ZAUNEIDECHSE

Speiseplan: Heuschrecken, Käfer, Ameisen, Larven · Familie: Echte Eidechsen · Größe: 9 cm · Schwanz: 14 cm

100

—

Prozent passt der Dompfaff mit seinem Namen in die Domstadt.

Den Namen hat er zwar nicht dem Kölner Dom zu verdanken, sondern seiner schwarzen »Priesterkappe« und seinem roten Gefieder, das einem Bischofsgewand ähnelt. Trotzdem passt er hervorragend in diese bunte Stadt und fühlt sich hier auch ziemlich wohl. Bevorzugt an den Kölner Waldrändern, zum Beispiel in der Wahner Heide, im Dünnwalder Wald oder im Königsforst – aber auch in einigen Parks und auf Friedhöfen wie dem Ostfriedhof.

Dompfaff ist allerdings nur sein umgangssprachlicher Name. Eigentlich heißt er ja Gimpel. Mit seiner lustigen Statur – Stiernacken und kurzer dicker Schnabel – ist sein englischer Name »Bullfinch« aber auch ziemlich passend. Nicht nur die Statur, auch das leuchtend rosarote Gefieder macht zumindest die männlichen Exemplare ziemlich unverwechselbar. Die Weibchen haben ein etwas schlichteres, braun-graues Gewand mit leichem Rosastich.

Am Schnabel kannst du übrigens gut erkennen, dass der Gimpel zu den Finken gehört. Er pickt damit am liebsten Samen von Wildkräutern oder Knospen auf. Manchmal darf's aber auch ein tierischer Eiweißboost in Form von Würmern oder Insekten sein.

Der kleine Stiernacken ist übrigens ein ziemlicher Romantiker. Zur Balz bietet er seiner großen Liebe einen schönen Halm an – erst wenn sie diesen annimmt, fangen beide an zu schnäbeln, und die Paarung kann beginnen. Next Level wär da nur noch ein gemeinsames Liebesschloss an der Hohenzollernbrücke…

VOGEL · GIMPEL

Speiseplan: Samen, Knospen, Beeren, manchmal auch Insekten und Würmer · Familie: Finken · Größe: 15–19 cm · Flügelspannweite: 22–26 cm · Laute: bit bit, djü djü

99

—

Arten von Krabbeltieren leben durchschnittlich in jedem Kölner Wohnhaus.

Darunter auch Spinnen, Milben und Silberfischchen. Eine Melodie im Ohr, nicht wahr? Wirklich stören tun die alle aber eigentlich nicht. Ein paar Silberfischchen im Bad (und nicht im Bett) sind sogar ganz praktisch: Sie mildern nämlich möglichen Schimmelbefall. Schimmelpilz gehört bekanntlich zur Leibspeise eines Silberfischchens. Außerdem frisst es gern Hausstaubmilben. Und von denen wimmelt es normalerweise auch in jeder Wohnung. Das Fischchen mag es feucht und warm, ist meist nachtaktiv und verkriecht sich tagsüber in Fugen und Ritzen, hinter Scheuerleisten oder loser Tapete. Uralt ist diese Insektenart noch dazu: 300 Millionen Jahre, um genau zu sein. Lebende Fossilien im Bad zu haben, ist doch was Cooles! Bis zu acht Jahre können sie dort alt werden. Für Insekten ist das schon ein gehöriges Alter, Alter!

Das Fortpflanzungsritual der silbernen Sechsbeiner ist übrigens eine ziemlich abgefahrene Angelegenheit: Nach einem kurzen Imponiertanz (wie der wohl aussieht?) legt das Männchen mehrere Spermienbeutel fast schutzlos auf den Boden. Lediglich mit ein paar selbst gesponnenen Fäden befestigt er diese. Dann führt er das Weibchen in die Nähe dieser Beutel-Gespinste. Wenn es darunter hindurchgleitet, kann es die Spermien aufnehmen, und die Befruchtung kann stattfinden.

INSEKT · SILBERFISCHCHEN

Speiseplan: Schimmelpilze, Milben · Familie: Fischchen · Größe: 1 cm (Körper) und 1 cm (Fühler)

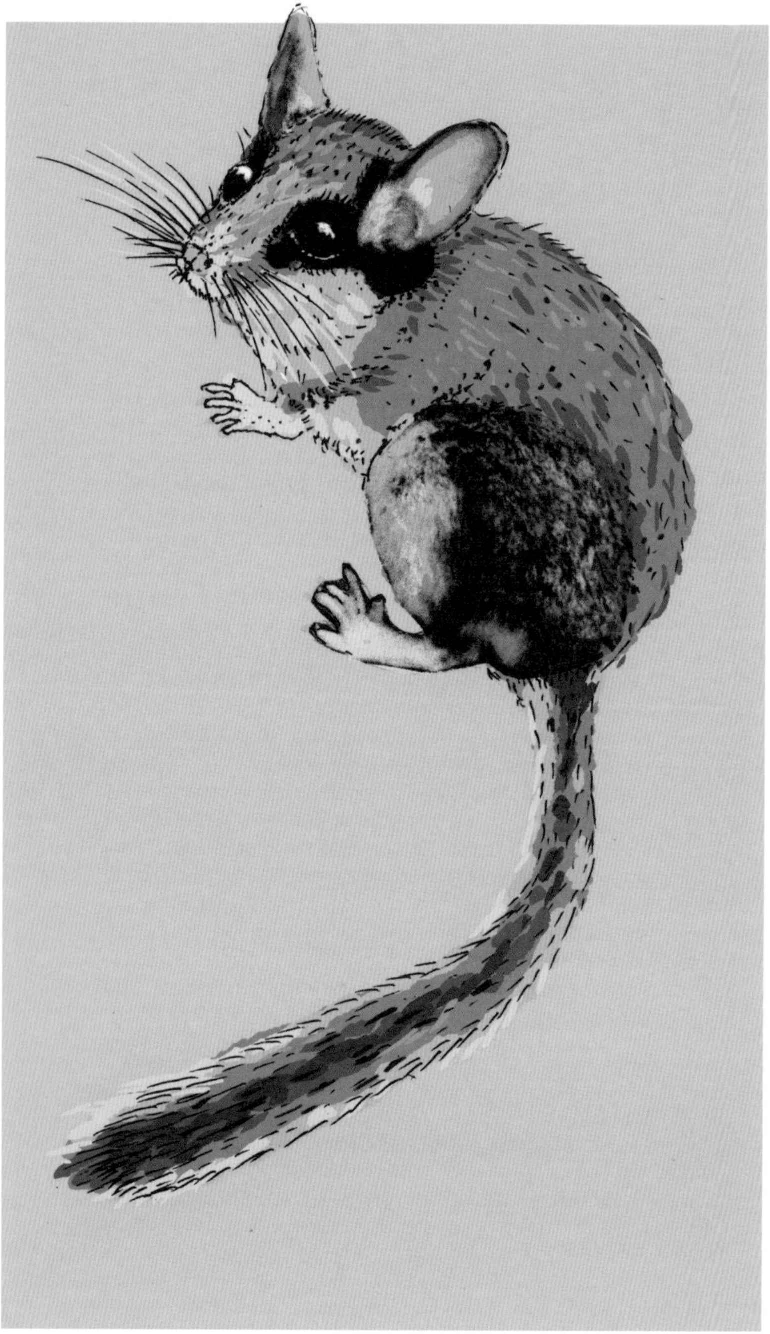

82

—

Prozent seines Lebens verpennt der kleine Gartenschläfer.

Da ist sein Name nicht wirklich verwunderlich. Von Oktober bis April hält der Verwandte des Siebenschläfers seinen Winterschlaf. Dabei ist er ein wahrer Energiesparmeister: Seine Herzfrequenz kann er auf gerade mal 5 Schläge pro Minute drosseln (bei 300 Schlägen pro Minute im Wachzustand ist das schon ein enormer Unterschied). Außerdem ist er in der Lage, seine Körpertemperatur an die frostige Umgebung anzupassen und auf eisige zwei Grad abzusenken – und spart so ebenfalls ganz viel Energie.

Nicht nur im Winter ist Schlafen seine Leidenschaft. Auch in den Sommermonaten döst der Gartenschläfer den lieben langen Tag und kommt erst aus seinem Versteck gekrochen, wenn die Sonne untergegangen ist. Deswegen ist es auch so schwierig, mal einen zu Gesicht zu bekommen. Dabei gibt's sogar mitten in Köln noch einige Exemplare. Vor allem im Südwesten – in der Westhovener Aue, den Poller Wiesen oder im Deutzer Stadtgarten wurden zum Beispiel Sichtungen der kleinen Glubschaugen gemeldet. Und tatsächlich kommen die kleinen Bilche (oder auch Schlafmäuse) in NRW nur noch im Köln-Bonner Raum vor. Insgesamt sind die Bestände in Deutschland in den letzten 20 Jahren leider drastisch gesunken – wahrscheinlich vor allem, weil geeigneter Wohnraum knapp wird. Umso wichtiger ist es, die Kölner Gartenschläfer-Populationen zu erhalten und zu stärken.

Quick Fact: Seine Rufe klingen wie laute schmatzende Küsse und dauern manchmal die ganze Nacht an!

SÄUGETIER · GARTENSCHLÄFER

Speiseplan: Insekten, Würmer, Schnecken, manchmal auch Vogeleier, Früchte, Samen und Knospen · Familie: Bilche (Schlafmäuse) · Größe: 12–17 cm (Körper), 10-14 cm (Schwanz)

76

—

Mäuse wohnen in den Gleisen vom U-Bahnhof Neumarkt.

Ungefähr – ganz genau konnte das noch niemand so richtig zählen. Vielleicht sind es auch nur 68 – ändert sich bei ihrer rasanten Fortpflanzungsgeschwindigkeit ja auch ständig. Der Name Waldmaus ist eigentlich ziemlich irreführend, weil diese Mäuseart mittlerweile viel häufiger in Köln und anderen Großstädten vorkommt als die etwas kleinere »Hausmaus«. Sie hat sich so gut an die Bedingungen in Bahnhöfen wie dem U-Bahnhof Neumarkt angepasst, dass sie teilweise sogar schon als »Bahnhofsmaus« bezeichnet wird. So ein U-Bahnhof bietet aber auch einfach hervorragende Bedingungen für die kleinen Langschwänze. In den Gleisbetten ist es vergleichsweise warm, Fressfeinde wie Greifvögel und Füchse trauen sich nicht in Kölns Untergrund, und genug zu fressen gibt es auch jederzeit. Immerhin finden Fritten, Dönerreste und Co täglich ihren Weg in die Gleise. Weil diese Kalorienbomben viel schwerer zu verdauen sind als die Nahrung, die Waldmäuse normalerweise zu sich nehmen, haben sich die Mäusemägen mit der Zeit verändert und bestens an solche Verdauungsakte angepasst. Faszinierend!

Die Kölner Mäuse sind aber nicht nur in den U-Bahnhöfen zu finden. Einige Exemplare wollten 2019 ihrem großen Vorbild näher kommen und haben es sich in den Übergangs-Büroräumen des WDR gemütlich gemacht. Die Enttäuschung war sicher groß, als sie dort weder Maus noch Elefant, sondern nur fluchende Mitarbeiter*innen antrafen.

SÄUGETIER · WALDMAUS

Speiseplan: Essensreste, Samen · Familie: Langschwanzmäuse · Größe: 8–10 cm · Schwanz: 7–11 cm

70

—

verschiedene Namen hat die Elster im Volksmund.

In manchen Regionen wird sie Ägerst, Kekersch, Agester, Alaster, Schalaster oder Hexter genannt. Die Bezeichnungen gehen wohl alle auf den althochdeutschen Ursprung des Namens »agalstra« zurück, was eine lautmalerische Darstellung des Lachens ist und sich auf die keckernden Rufe dieser Vögel bezieht. In Köln wird sie einfach nur Elster genannt. Tja.

Der Volksmund behauptet auch, dass Elstern diebisch seien und auf glitzernde und glänzende Dinge stünden. Eine neue britische Studie widerlegt das aber. Die Elster legt, wie viele Rabenvögel, Verstecke an, in denen sie Fressbares für schlechte Zeiten hortet. Deshalb sieht man sie häufig mit erbeuteten Essensresten, Eicheln und anderen Leckereien durch die Parkanlagen fliegen. Dass sie dabei aber bevorzugt glitzernde Gegenstände nimmt, hat sich in den vielen Experimenten, die die Forscher*innen durchführten, nicht bestätigt.

Übrigens: Wenn sich Elstern beim Verbuddeln ihrer Futtervorräte beobachtet fühlen, fliegen sie mit ihrer Beute außer Sichtweite und versuchen es dort noch einmal. Aus Angst, der oder die Beobachtende könnte das Versteck plündern. Das ist in Köln ja auch nicht ganz unbegründet. Wenn du mal eine Elster beobachten willst (du kannst ihr ja vorher verklickern, dass du kein Interesse an ihrem Futter hast), sind Flächen mit kurzem Rasen eine gute Anlaufstelle: Spiel- und Sportplätze, Parks oder Grünstreifen neben den Straßen.

VOGEL · ELSTER

Speiseplan: Insekten, Sämereien und Beeren, Vogeleier und Jungvögel, Essensreste · Familie: Rabenvögel · Größe: 44–46 cm · Flügelspannweite: 52–62 cm · Laute: schääck-schääck-kekekekek

64

—

Prozent der Schwanzmeise sind Schwanz.

Genauer gesagt ganze neun Zentimeter des 14 Zentimeter langen Vögelchens. Deswegen wurde der kleine rundliche Vogel vor rund 150 Jahren auch Schwanzmeise getauft. Dabei gehört sie gar nicht zu den Meisen – sie ist ein Webervogel. Der Schwanz ist nicht nur rekordverdächtig, sondern auch sehr nützlich. Er hilft der kleinen Meise auf den äußersten feinen Zweigspitzen das Gleichgewicht zu halten – um dort Blattläuse und andere kleinste Insekten zu verschmausen. Oft hüpft und hangelt sie sich sogar kopfüber an den Zweigen entlang.

Die kleinen Akrobaten sind sozial: Sie leben nicht nur mit einem Partner oder einer Partnerin zusammen, sondern mit vielen Vogelfreunden. Zusammen bilden sie große Gemeinschaften aus um die 30 Mitgliedern, in denen sich zum Beispiel Tanten, Schwestern und Schwager gegenseitig beim Nestbau sowie bei der Brut und der Aufzucht der Jungen helfen. Auch in der Nacht nutzen sie den Gruppenvorteil und rücken zu einer engen Schlafreihe zusammen: eine Federkugel, aus der nur noch die langen Schwänze herausragen. So sparen sie viel Energie. Schlau!

In Köln ist die Schwanzmeise recht häufig vertreten und bleibt auch im Winter hier. Mit etwas Geduld kannst du sie zum Beispiel im Mediapark oder Stadtgarten beobachten oder in der Hecke am Aquarienweg in Köln-Sülz.

VOGEL · SCHWANZMEISE

Speiseplan: Blattläuse, Larven, kleine Insekten · Familie: Schwanzmeisen · Größe: 14 cm · Flügelspannweite: 15 cm · Laute: srii-srii-srii, prrt-prrt-prrt

60

—

Euro wollte ein dubioser Kölner Vogelhändler für einen illegal gefangenen Stieglitz verlangen.

Ein Glück hatte ein Tierschutzverein seine Anzeige im Netz gefunden – die Vögel konnten in Sicherheit gebracht werden, und gegen den Mann wurde ein Strafverfahren eingeleitet. Denn es ist natürlich streng verboten, wilde Vögel zu fangen und zu halten. Und noch verbotener ist es, diese zu verkaufen.

In Köln gibt's eine Menge Stieglitze. Zum Beispiel in der Hugo-Eckner-Straße, in Biesterfeld, im Nüssenberger Busch oder in der Zündorfer Groov. Hauptsache es gibt genug Freiflächen und viele viele Disteln. Diese pieksigen Gewächse gehören nämlich zu seiner Leibspeise. Daher auch sein zweiter Name »Distelfink«. Dank seines (für einen Finken) ziemlich langen und spitzen Schnabels kann er die Distelsamen bestens rauspicken. An den gelben Stellen an den Flügeln (die im Flug einen Halbkreis bilden) und der roten »Gesichtsmaske« kannst du ihn besonders gut erkennen. Ein Mythos besagt, dass der Stieglitz diese rote Maske bekam, als er einen Dorn aus der Stirn des gekreuzigten Heilands zog. Sein Blut besprenkelte dabei das Gesicht des kleinen Vogels und zeichnete den Wohltäter. Na ja. Wie auch immer. Schön sind die prächtigen Farben allemal.

Übrigens ist der Stieglitz auch so ein Kandidat, der seinen eigenen Namen trällert: »stiiieglitz-stiiieglitz-stiiieglitz-stiiieglitz« (laut vorlesen für freundliche Blicke in der S-Bahn!).

VOGEL · STIEGLITZ

Speiseplan: Samen von Bäumen, Gräsern und Disteln, manchmal auch Blattläuse · Familie: Finken · Größe: 12–13 cm · Flügelspannweite: 21–25 cm · Laute: stieglitz-stieglitz, dudidelet

49

—

Mehlschwalbennester hängen an einem Haus in der Agilolfstraße.

Am liebsten bauen die »Maurer« unter den Vögeln ihre halbrunden, kugeligen Nester aus Halmen, Erd- und Lehmklümpchen (die sie vor allem aus Pfützen mit dem Schnabel aufnehmen) an Gebäuden – unter überstehenden Dachkanten oder Balkonen. Das Haus in der Agilolfstraße Ecke Alteburger Wall in der Südstadt hat sich für die Kölner Mehlschwalben als besonders geeignet herausgestellt. Schon seit 40 Jahren brüten sie immer wieder dort. Weil so ein Nestbau ziemlich aufwändig ist – bis zu 1.500 Mal müssen sie dafür hin- und herfliegen – nutzen sie auch mehrere Jahre dasselbe.

Nicht nur beim Nestbau sind die Mehlschwalben ständig auf Achse. Auch bei der Aufzucht ihrer Jungen haben sie ordentlich zu tun. Bis die Kleinen groß sind, müssen sie ihnen um die 100.000 Insekten verfüttern. Gigantisch! Die Insekten jagen sie im Flug. Dabei können die Schwalben rasante Geschwindigkeiten erreichen – bis zu 75 Stundenkilometer stehen dabei schon mal auf dem Flugtacho!

Leider hat auch bei den Schwalben der Bestand in den letzten Jahrzehnten ziemlich abgenommen (in Köln und auch sonst in Deutschland um 20 bis 50 Prozent!). Verdammt! Grund dafür sind, abgesehen vom allgemeinen Insektenschwund, die vielen Sanierungen und Neubauten mit glatten Fassaden, an denen die Mehlschwalben-Nester nicht haften können. Somit finden die schwarz-weißen Flugakrobaten immer weniger Nistmöglichkeiten.

VOGEL · MEHLSCHWALBE

Speiseplan: fliegende Insekten · Familie: Schwalben · Größe: 14 cm · Flügelspannweite: 28 cm · Laute: tritri oder driddrli, trieer oder chrirrp

48

—

Linden in der Mommsenstraße bilden das reinste Schlaraffenland für Kölner Blattläuse.

Denn: Blattläuse stehen besonders auf Linden. Diese kleinen Scheißerchen sind auch Schuld daran, dass du im Sommer unter diesen Bäumen kaum vorwärtskommst, weil deine Schuhe am Boden kleben bleiben. Oder dass die Autos klebrigen Fliegenfängern gleichen. Mit ihren Saugrüsseln stechen die Winzlinge jene Leitungsbahnen der Lindenblätter an, in denen die Nährstoffe transportiert werden. Die Läuse haben es vor allem auf die Proteine abgesehen. Im Pflanzensaft sind aber gar nicht so viele davon enthalten, sondern vor allem Kohlenhydrate, also Zucker. Diesen können die Blattläuse nicht verwerten und scheiden ihn deshalb wieder aus. Und so tropft es quasi reinstes Zuckerwasser von den Bäumen, der auch »Honigtau« genannt wird.

Man sieht es ihnen nicht an, aber sie sind echte Hochgeschwindigkeitstiere. Manche Weibchen vermehren sich nicht auf geschlechtlichem Weg, sondern können auch ohne erneute Befruchtung das ganze Jahr über täglich bis zu zu fünf Klone von sich selbst gebären. Wie verrückt ist das denn? Wenn die Nahrungsbedingungen gut sind, können sich Blattlauskolonien geradezu explosionsartig vermehren. Und das ist dann ’ne ziemlich klebrige Angelegenheit, die 2015 auch das Verwaltungsgericht Köln beschäftigte, als ein Kläger Schadensersatz für seinen vom Honigtau verklebten Neuwagen verlangen wollte. Die Klage wurde nach langem Hin und Her abgewiesen.

INSEKT · BLATTLAUS

Speiseplan: Pflanzensaft · Familie: Blattläuse · Größe: 1–3 mm · Laute: Durch Botenstoffe im Honigtau teilen sie ihren Melkern, den Ameisen, mit: »Achtung, bitte unbedingt mal den Hintern abwischen!«

42

—

Tage lediglich beträgt die Lebenserwartung vom ausgewachsenen Junikäfer.

Gar nicht mal so lang. Als Käferlarve, genannt Engerling, frisst er sich vorher allerdings unter der Erde ganze zwei Jahre lang voll. Im Juni schlüpft dann der fertig entwickelte Käfer aus der Puppe und hat dann gerade mal sechs Wochen Zeit. Einziger Sinn des kurzen Lebens: sich paaren und Eier legen.

Um vor ihren Fressfeinden besser geschützt zu sein, fliegen die Junikäfer-Männchen in der Dämmerung in Scharen los, um Artgenossinnen zur Fortpflanzung zu finden. Durch ihren unkoordinierten Flug und lautstarkes Brummen machen sie sich aber trotz Dämmerlicht ziemlich schnell bei Vogel und Mensch bemerkbar. Am Aachener Weiher oder auf den Poller Wiesen zum Beispiel kriegt man in den frühen Abendstunden mancher Sommer unverhofft Gesellschaft hunderter »Torkelflieger«, die uns Menschen dann auch gerne mal mit einem Baum oder Busch verwechseln und anfliegen. Angst brauchst du vor ihnen aber nicht zu haben. Sie sind völlig ungefährlich und können weder beißen noch stechen. Also keine Panik beim Picknick oder Feierabend-Bierchen im Park.

Ihr richtiger Name ist übrigens »Gerippter Brachkäfer«, aber Junikäfer ist eben einfacher. Nicht zu verwechseln mit dem Maikäfer. Dieser ist um einiges größer, ungefähr 2,5 bis 3 Zentimeter und hat ein sehr markantes weißes Sägezahnmuster unter den Flügeldecken und einen spitzen Hintern. Aha!

INSEKT · JUNIKÄFER

Speiseplan: Wurzeln und Pflanzenteile (Engerling), Blüten und Blätter (Käfer) · Familie: Blatthornkäfer · Größe: 14–18 mm

40

—

verschiedene Färbungen können Kuckuckseier haben.

Frau Kuckuck legt ihre Eier nämlich in fremde Nester. Und damit das Kuckucksei darin nicht auffällt, kann sie die Farbe und Musterung ihrer Eier an die der sogenannten Wirtsvögel anpassen. Voll verrückt! Das Männchen lenkt in der Zeit die Nestbesitzer mit seinen Rufen ab, sodass das Weibchen in Windeseile (gerade mal fünf Sekunden) ihr Ei in das fremde Nest legen kann. Damit den »Wirtseltern« die gestiegene Anzahl nicht auffällt, nimmt das Kuckucksweibchen eines der anderen Eier mit seinem Schnabel auf (um es später zu fressen) und sucht schnell das Weite. Beliebte Wirte sind übrigens kleinere Singvögel wie der Gartenrotschwanz oder das Rotkehlchen oder sogar der winzige Zaunkönig.

Sobald der Brutparasit, also das Kuckucksjunge, geschlüpft ist, wirft es die anderen Eier oder kleineren Stiefgeschwister aus dem Nest, um allein von den (meist um einiges kleineren) Elternvögeln durchgefüttert zu werden. Zum Kuckuck nochmal! Ist das fies.

Kuckucke fliegen übrigens jedes Jahr um die 12.000 Kilometer, um im Süden Afrikas zu überwintern. Da durch das mildere Klima viele seiner Wirtsvögel immer früher brüten, der Kuckuck aber seine Zugzeiten als Langstreckenzieher beibehält, hat er es immer schwerer, noch geeignete Nester zu finden. Die Zahl der Kuckucke ist dadurch seit den 60er Jahren stark zurückgegangen, in Köln kommen Kuckucke eigentlich nur noch in der Wahner Heide vor.

VOGEL · KUCKUCK

Speiseplan: Schmetterlingsraupen, Käfer, Libellen, Heuschrecken, Wanzen · Familie: Kuckucke · Größe: 32–34 cm · Flügelspannweite: 55–60 cm · Laute: kuckuck kuckuck

25

—

Meter hoch sitzen Singdrosseln auf Kölns Dächern, um ihre Lieder in die Welt zu schmettern.

Und damit diese im lauten Stadtlärm nicht untergehen, positioniert sich so eine Singdrossel nicht nur höher als auf dem Land, sondern sie singt auch um die zehn Dezibel lauter. Der Platz, auf dem sie ihren Gesang vorträgt, wird übrigens Singwarte genannt. Eine Singdrosselsingwarte. Und dieser Gesang ist ziemlich schön: verschiedene flötende, zwitschernde oder auch scharrende, sehr melodische Elemente, die typischerweise zwei- bis dreimal wiederholt werden. Etwa so: »tülip tülip tülip – tschidi-trü tschidi-trü tschidi-trü – didi didi«. Und das bis zu 50 Minuten lang fast ohne Pause. Eine wahre Gesangskünstlerin!

Ihr Futter sucht die Singdrossel meistens eher auf dem Boden. Um ihre Leibspeise (aka Schnecken) knacken zu können, hat sie einen raffinierten Plan geschmiedet. Und Schmiede ist hier auch das Stichwort: Die Singdrossel platziert das Schneckenhaus so auf einem geeigneten flachen Stein, dass sie besonders gut darauf einpicken kann, ohne dass es wegrutscht. »Drosselschmiede« wird dieser Platz auch genannt. Schlaues Vögelchen. Wer also viele Schneckenhausstückchen auf Steinen im Garten findet, kann sicher sein, dass da eine Singdrossel am Werk war.

In Köln kommt die Singdrossel in fast allen Parks und auf Friedhöfen vor.

VOGEL · SINGDROSSEL

Speiseplan: Schnecken, Würmer, Beeren, Insekten, Samen · Familie: Drosseln · Größe: 23 cm · Flügelspannweite: 36 cm · Laute: didi didi didi, zip zip zip, tülip tülip tülip

22,5

—

Kilogramm brachte der schwerste Höckerschwan auf die Waage.

Mein lieber Schwan! Dieser »Schwellbalch« war allerdings mit seinem Übergewicht nicht mehr in der Lage zu fliegen. Normalerweise wiegen die großen Vögel zwischen 10,6 und 13,5 Kilogramm. Und sind damit die schwersten flugfähigen Vögel Europas. Nicht verwunderlich, dass sie dazu eine Flügelspannweite von um die 2,4 Meter benötigen.

Wie viele es in Köln gibt, hat noch niemand so richtig gezählt – schwer fällt es jedenfalls nicht, mal einen zu Gesicht zu bekommen. Die 15 Kölner Weiher im zentralen Stadtgebiet und im Grüngürtel bieten perfekte Bedingungen für die Vögel mit dem Höcker am Schnabelansatz (deshalb also der Name ...).

So ein Schwan ist eigentlich Vegetarier und kommt mit seinem langen Hals »gründelnd« hervorragend an die Pflanzen am Wassergrund – »Köpfchen in das Wasser, Schwänzchen in die Höh« und so ... Weil aber auf den meisten Wasserpflanzen Muscheln und Schnecken hocken, werden diese schon mal mitgefressen.

Höckerschwäne sind übrigens ziemlich treue Seelen. Haben sich Paare einmal gefunden, bleiben sie ein Leben lang zusammen. Meist nutzen sie mehrere Jahre lang dasselbe Nest. Die Schwanküken folgen als »Nestflüchter« schon kurz nach dem Schlüpfen mutig ihren Eltern. Manchmal werden die Kleinen aber auch auf dem Rücken der Eltern zwischen den Flügeln über das Wasser getragen. Sicher ist sicher.

VOGEL · HÖCKERSCHWAN

Speiseplan: Wasserpflanzen, Gras · Familie: Entenvögel · Größe: 145–155 cm · Flügelspannweite: 220–240 cm · Laute: krr krr krr oder tru-tru-truu, krrr-wip-wip, chh

20

—

Prozent der Rotkehlchenmännchen bleiben ihr Leben lang Single.

Tja, et kütt, wie et kütt. Das liegt daran, dass es einfach mehr Männchen als Weibchen in der Rotkehlchenpopulation gibt. Nicht brütende Männchen haben oft gemeinsame Schlafplätze – die Gruppen setzen sich aus bis zu 35 Rotkehlchen zusammen. Diese übernachten dann alle zusammen tief im Gebüsch. In manchen Fällen setzen sich die Männerschlafgemeinschaften auch aus Revierinhabern zusammen, also Rotkehlchen, die eigentlich eine Partnerin haben. In diesem Fall geht die Gruppe lange vor Sonnenaufgang auseinander, um in ihre eigentlichen Reviere zurückzukehren. Diese sind manchmal kilometerweit entfernt. Soll bloß niemand mitkriegen, dass sie heimlich in der Männergruppe schlafen. Was sollen die Nachbarn denken?!

Das Weibchen wird übrigens während der gesamten Brutzeit von dem Männchen mit Nahrung versorgt. Das ist sehr wichtig, denn die Eier im Nest müssen dauerhaft warmgehalten werden.

Dass das Rotkehlchen wegen seiner roten Brust heißt, wie es heißt, hast du dir sicherlich gedacht. Das ist auch in fast allen anderen Sprachen so: Im Französischen wird es »rouge-gorge« genannt, im Italienischen »pettirosso«, im Spanischen »petirrojo«, im Schwedischen »rödhake« und im Niederländischen »roodborst«. Nur in Kölle sagt man »Rähnvüjelche« – Regenvögelchen. Wahrscheinlich wegen der alten Bauernregel, dass es Regen geben wird, wenn die Rotkehlchen in ihren Höhlen verschwinden. Macht Sinn!

VOGEL · ROTKEHLCHEN

Speiseplan: Insekten, Spinnen, Würmer, Larven, Schnecken · Familie: Fliegenschnäpper · Größe: 14 cm · Flügelspannweite: 22 cm · Laute: Tonreihe mit schönem Trillern, schnieckerick

17

—

Seen in Chorweiler bieten dem Eisvogel einen guten Lebensraum.

Und nicht nur an diesen kleineren und größeren Seen ist der »fliegende Diamant« (diesen pompösen Spitznamen hat er wegen seines wunderschön schillernden Gefieders bekommen) in Köln zu finden. Auch mitten in der Stadt am Rautenstrauch-Kanal, im Zoo hinterm Nilpferdhaus oder am Deutzer Hafen kannst du das Glück haben, einen zu erblicken. Leider ist der Bestand insgesamt aber gefährdet, und der kleine Vogel auf der Roten Liste der gefährdeten Arten zu finden.

Eisvögel lieben Fische – also die ganz kleinen. Sie fressen aber auch mal kleine Krebse, Wasserinsekten, Kaulquappen und sogar Frösche. Wenn das Nahrungsangebot gut ist, können sie bis zu dreimal im Jahr brüten. Dafür bauen sie eine Nisthöhle in sandigen Steilwänden am Ufer. Mit den Schnäbeln wird in Partnerarbeit ein bis zu 80 Zentimeter langer Tunnel gegraben, der in einer kleinen Höhle endet, dem »Brutkessel«. Das ist ein ganz schöner Kraftakt und kann das Eisvogelpaar bis zu drei Wochen kosten. Wenn die Bruthöhle dann endlich fertig ist, brüten die Eltern bis zu sieben blinde und nackte Junge aus, die nach zwei Wochen aussehen wie bunte Mini-Igel und bis zu 20 Fische am Tag brauchen. Also jedes von ihnen!

Der Eisvogel mag übrigens überhaupt kein Eis. Ob sein Name vom althochdeutschen »eisan«, für »schillernd« oder »glänzend«, abgeleitet ist oder wegen seiner rostfarbenen Brust von »Eisen« kommt, ist noch umstritten.

VOGEL · EISVOGEL

Speiseplan: Kleine Fische, Krebse, Wasserinsekten, Kaulquappen und Frösche · Familie: Eisvögel · Größe: 16–18 cm · Flügelspannweite: 25 cm · Laute: sehr hohes tjiih, ti-it oder tit-tit-tit

16

—

Stationen könnte eine Kölner Wollhandkrabbe in der S-Bahn mitgefahren sein.

Der Zugführer der Linie 19, der sie am Hauptbahnhof in seinem Zug entdeckte, ersparte ihr aber netterweise die Strafgebühr für's Schwarzfahren.

Diese Wollhandkrabbe ist bei weitem nicht das einzige Exemplar in Köln. Im Rhein findet man mittlerweile eine beträchtliche Anzahl der Krebse, die gigantische 30 Zentimeter groß werden können. Ursprünglich stammen sie aus China und haben sich Anfang des 20. Jahrhunderts als blinde Passagiere auf Frachtschiffen ihren Weg nach Europa gebahnt. Seitdem haben sie sich stetig ausgebreitet. Und wegen mangelnder Fressfeinde – nur wenige Möwen und Reiher trauen sich an die Panzertiere ran – werden sie sich auch weiterhin ausbreiten und die heimischen Arten womöglich weiter verdrängen.

Im Süßwasser des Rheins fühlen sich die Wollhandkrabben pudelwohl – zumindest die erwachsenen Exemplare. Zur Fortpflanzung brauchen sie jedoch salziges Wasser. Zur Paarungszeit wandern die Tiere im Wasser flussabwärts Richtung Nordsee. Da sie aber nur um die zwölf Kilometer pro Tag schaffen, kann sich diese Wanderung über Monate hinziehen. Ist das salzige Brackwasser erreicht, legt ein Weibchen bis zu 900.000 Eier ab, aus denen die Krabbenlarven schlüpfen. Sobald diese ausreichend herangewachsen sind, machen sie sich wieder auf den langen Weg flussaufwärts Richtung Köln und Co.

KREBSTIER · CHINESISCHE WOLLHANDKRABBE

Speiseplan: Muscheln, Insekten, tote Fische, Angelköder, Fischernetze · Familie: Grapsoidea · Größe: Panzer bis zu 7,5 cm · Beinspannweite: bis zu 30 cm

15

—

kg/m^3 Dichte hat das Dämmmaterial, in dem Kölner Halsbandsittiche gerne ihre Nester bauen.

Eigentlich brüten die knallgrünen Papageien ja in Baumhöhlen (am liebsten in Platanen – die mit der Camouflage-Rinde). Da in Köln aber auch in den Bäumen Wohnungsknappheit herrscht, müssen die Vögel kreativ werden. Über die Jahre haben sie festgestellt, dass sich manch gedämmte Hausfassade auch ziemlich gut für den Bruthöhlenbau eignet – der harte Putz entspricht der Baumrinde, das Dämmmaterial darunter weichem Faulholz. Kann man schon mal verwechseln. Zum Beispiel an Häusern in der Marsilius- und Berrenrather Straße in Sülz. Die Hausbesitzer*innen können dagegen nicht allzu viel machen – sobald die Halsbandsittiche erstmal brüten, ist es verboten, sie zu vertreiben.

Für solche Fälle hat der NABU Köln sogar einen eigenen Arbeitskreis gegründet, der sich für die friedliche Koexistenz zwischen Vogel und Mensch einsetzt.

Aber wie kommt es überhaupt, dass sich die »Jröhnschnäbel« in Köln ausgebreitet haben? Heimisch sind sie ja eigentlich in Nordindien und den Savannen Afrikas. Hauptverantwortlich ist ein Kölner Zoohändler, dem 1969 eine ganze Schar seiner Halsbandsittiche aus einer Voliere ausgebüxt ist. Zu dieser Gruppe gesellten sich noch andere Gefangenschaftsflüchtlinge, die sich dann fleißig untereinander paarten – und mittlerweile um die 3.000 Nachkommen hier haben. An die Domstadt haben sie sich hervorragend angepasst und sind mit ihrem Krakeelen wesentlicher Bestandteil des Kölner Soundtracks.

VOGEL · HALSBANDSITTICH

Speiseplan: Früchte, Blüten, Knospen, aber auch grüne Pflanzenteile, Samen · Familie: Eigentliche Papageien · Größe: 37–43 cm inkl. Schwanzfeder · Laute: kie-ak oder kie-ek

14,5

—

Zentimeter misst der Kleiber nur, nistet aber trotzdem in großen Spechthöhlen.

Um die Spechthöhlen vor seinen Fressfeinden und Nistplatzkonkurrenten zu schützen, verklebt er seine »Eingangstür« mit einer Masse aus Speichel und Lehm. Das Loch ist dann so klein (gerade mal 3,5 Zentimeter), dass nur noch er selbst durchpasst. Marder, Eichhörnchen, Raben oder andere größere Vögel müssen in den sauren Apfel beißen. Nicht selten allerdings zerstören Nistplatzkonkurrenten wie Stare diese frischen Lehmmauern, und der Kleiber muss von neuem beginnen. Der Klebe-Trick gab dem Kleiber seinen Namen.

Er ist übrigens der einzige Vogel in Deutschland, der kopfüber Baumstämme runterlaufen kann. Was'n Akrobat! Mit seinem langen Schnabel stochert er dabei Insekten und Spinnen aus der Rinde. Damit er die Kraft dafür hat, sind seine Krallen besonders lang und stark. Und damit sein Schwanz dabei nicht stört, ist dieser besonders kurz. Raffiniert!

Ein Vogelbeobachter berichtete mal von einer verwunderlichen Kleiber-Begegnung: Auf einem Parkplatz flog ihm der Vogel gegen die Windschutzscheibe. Als er erschrocken nachschauen wollte, wie es dem Flattermann ging, rappelte dieser sich gerade auf und flog in den nächsten Baum. Dort hängte er sich kopfüber an einen Ast und verweilte so bestimmt 15 Minuten. Wohl ganz nach dem Motto: »Wird das Leben dir zur Last, häng dich an den nächsten Ast!« Nach dieser merkwürdigen Erste-Hilfe-Maßnahme flog er genesen davon.

VOGEL · KLEIBER

Speiseplan: kleine Insekten und Spinnen · Familie: Kleiber · Größe: 12–14 cm · Flügelspannweite: 16–18cm · Laute: twiet-twiet wijüü wijüü oder djüdjüdjü

14

—

Dezibel lauter als ihre Landgenossen trällern die Kölner Zaunkönige.

Der gemessene Lautstärkerekord lag bei 90 Dezibel! Das ist lauter als ein Presslufthammer. Hammer! So ein Zaunkönig möchte eben, dass sein schöner Gesang auch im lauten Großstadtlärm gehört wird. Dass er gerade mal so klein ist wie ein Tischtennisball und so wenig wiegt wie eine Walnuss, macht die Sache noch faszinierender. Mit seinen 9,5 Zentimetern Körpergröße ist er der drittkleinste Vogel in Deutschland. Noch kleiner sind nur die winzigen Winter- und Sommergoldhähnchen. Die kommen aber nur in Nadelwäldern vor.

Der Zaunkönig bleibt das ganze Jahr über in Köln. Und ist der einzige heimische Singvogel, der auch im Winter singt! Trotz seiner kleinen Größe schafft er es, seine Körpertemperatur auch bei eisigen Temperaturen zu halten. Die beträgt ganze 42 Grad. Seine Federn isolieren ihn bestens gegen die Kälte. 60 Grad Unterschied zur Außentemperatur können dabei zustande kommen. Um »nachzuheizen«, braucht er sehr viel Nahrung. An besonders kalten Tagen muss er fast sein eigenes Körpergewicht dazufuttern.

Mit seiner Nestbaukunst kann er auch noch auftrumpfen: Der König baut nämlich gleich mehrere, kunstvoll verwobene, kugelförmige Nester, von denen sich seine »Königin« dann eines aussuchen darf. Angeber! Erst danach wird dieses Nest mit feinem Moos ausgepolstert und fertig für den Einzug gemacht. Und wenn sie nicht gestorben sind, dann singen sie noch heute. Oder so.

VOGEL · ZAUNKÖNIG

Speiseplan: Spinnen, Weberknechte, Insekten, Beeren · Familie: Zaunkönige · Größe: 9,5–11 cm · Flügelspannweite: 14–15 cm · Laute: tek tek – dzrr dzrr – drrr

13,50

—

Euro kostet »Knusprige Ente süß-sauer« in der Altstadt.

Dass es sich dabei um Stockentenfleisch handelt, ist allerdings ziemlich ausgeschlossen. Auch wenn sie Kölns häufigste Entenart ist. Die Stockente heißt nicht Stockente, weil sie ’nen Stock im Arsch hat, sondern weil sie ihr Nest gern in den Trieben baut, die seitlich an einem Baumstumpf herauswachsen. (Welche im Fachjargon »Stockausschlag« heißen.) In Köln kommt es aber auch mal vor, dass die Enten keinen geeigneten natürlichen Nistplatz finden und dann einfach auf Flachdächer oder Balkone ausweichen. Ein Blumenkübel auf einem Balkon in Sülz ist schon seit drei Jahren in Folge Nistplatz einer Entendame.

Aus den sieben bis elf Eiern, die in so einem Nest ausgebrütet werden, schlüpfen die flauschigen gelb-braunen Entenküken, die sofort laufen und schwimmen können. Man nennt sie deshalb »Nestflüchter«. Ihre Mama erkennen die Stöckchen (ääh... Stockentenküken!) an ihrem ganz bestimmten Lockruf. Nach 50 bis 60 Tagen kommen sie allein zurecht und werden dann bis zu 15 Jahre alt.

In Köln gibt es Stockenten in fast allen Parks und Grünanlagen mit Wasser. Mit Brot füttern solltest du sie allerdings nicht, das enthält nämlich zu viel Salz, was sehr schädlich für die Vögel sein kann.

P.S. Hier links siehst du den Erpel, das Männchen. Die Weibchen haben ein hell- und dunkelbraunes Gefieder (mit dem sie im Nest beim Brüten besser getarnt sind), mit einer lila schillernden Stelle am Flügel.

VOGEL · STOCKENTE

Speiseplan: Wasserpflanzen, Samen, Schnecken, Larven · Familie: Entenvögel · Größe: 58 cm · Flügelspannweite: 95 cm · Laute: wak wak wak oder räääb-räb-räb-räb

13

—

Waldohreulen hatten eine Konifere in der Hildebertstraße zu ihrem Schlafquartier auserkoren.

Nicht nur in Junkersdorf findet die Eule mit den leuchtend orangen Augen gute Lebensbedingungen – in ganz Köln ist sie mittlerweile ziemlich verbreitet und die häufigste Eulenart hier. So wurden bereits Eulenfamilien in Sülz, Zollstock, Lövenich oder Longerich gesichtet. Vom Stadtlärm lässt sich die Eule anscheinend nicht stören und sitzt tagsüber wie ein überdimensionaler Tannenzapfen schlafend im Baum. Von ihrer Leibspeise (Mäusen) gibt es hier auch genug. Vier Mäuse stehen täglich auf dem Speiseplan – in der Hildebertstraße brauchen sich die Anwohner*innen also keine Sorgen mehr über unerwünschte Langschwänze in ihren Häusern und Gartenschuppen zu machen.

Wusstest du, dass die Waldohreule zu faul ist, ihr eigenes Nest zu bauen und stattdessen in den alten, verlassenen Nestern von Greifvögeln, Krähen oder Elstern brütet? Wenn im Frühjahr darin die drei bis sieben Küken schlüpfen und später von Nestlingen zu Ästlingen werden (Ästlinge haben das Nest bereits verlassen und kraxeln auf den Ästen herum, können aber noch nicht richtig fliegen und sind auf die Fütterung ihrer Eltern angewiesen), machen sie sich, vor allem am späten Abend, durch lautstarkes hohes Fiepen bemerkbar – ihr bettelnder Ruf nach Futter.

Apropos Ruf: Der Ruf der Männchen ist ein eher unscheinbares monotones »huh«, das Weibchen antwortet darauf meist mit einem kurzen schrillen »uijo« – hast du bestimmt schon mal gehört!

VOGEL · WALDOHREULE

Speiseplan: Wühl- und Feldmäuse, Kleinvögel und Regenwürmer · Familie: Eigentliche Eulen · Größe: 32–37 cm · Flügelspannweite: 98 cm · Laute: huh, uijo, chwää oder chrööj

12

—

Gesangsdialekte haben Buchfinken deutschlandweit drauf.

Die Kölner Buchfinkinnen stehen allerdings besonders auf den Kölner Dialekt bei ihren Partnern. Finkenschlag wird dieser Gesang genannt. Manchmal trällert Herr Buchfink ihn mehrere hundert Mal pro Stunde. Und weil dieser Gesang so schön ist, wurden früher sogar Buchfinken-Gesangswettbewerbe ausgetragen, die sogenannten Finkenmanöver im Harz. Dieser Brauch existiert bereits seit dem 15. Jahrhundert! Die Finken wurden aufgezogen, gehalten und gepflegt und bekamen sogar Gesangsschulungen. Besonders begabte Vögel wurden teuer gehandelt – teilweise sogar im Gegenwert einer Kuh! In den Wettbewerben traten die Finken dann gegeneinander an, und der schönste und längste Gesang wurde gekürt. Auch heute noch finden diese Wettbewerbe an mehreren Orten im Harz statt (allerdings nur noch mit gezüchteten Buchfinken – das Fangen von freilebenden Buchfinken ist heutzutage verboten). 2014 wurde das Finkenmanöver sogar als immaterielles Kulturerbe der Menschheit von der UNESCO aufgenommen. Wahnsinn!

Der Buchfink singt im Übrigen nicht nur schön. Er ist es auch, mit seinem prachtvollen bunten Gefieder. Seine Brust ist braun-rosa, der Kopf blau und die Flügel schwarz-weiß, teilweise mit gelben Teilen. Und auch die Buchfinken-Weibchen sehen ziemlich schön aus mit ihrem beige-grünen Federkleid.

VOGEL · BUCHFINK

Speiseplan: Insekten, Larven, Samen · Familie: Finken · Größe: 15 cm · Flügelspannweite: 27 cm · Laute: zi zi zi zi zie zie zie ziebirie, pink pink oder jüb jüb

10

—

Eicheln kann ein Eichelhäher auf einmal transportieren.

Das macht er mit seinem dehnbaren Kehlsack. Oft hat er dann zusätzlich noch eine im Schnabel. Bis zu 5.000 Eicheln vergräbt er jeden Herbst als Wintervorrat im Boden. Er muss also ein ziemlich phänomenales Gedächtnis haben, wenn er diese Verstecke alle wiederfinden will. Wie das Eichhörnchen vergisst er aber gerne mal ein paar davon. Eichelhäher-Alzheimer konnte bisher nicht nachgewiesen werden, einfach nur ein bisschen vergesslich, der Gute. Zum Glück! Denn dadurch keimen viele der Eicheln aus und wachsen zu neuen Bäumen heran. Er mag übrigens nicht nur Eicheln, sondern bedient sich in Gärten auch gern an Kirschen und Beeren. Außerdem liebt er es, Vogelstimmen nachzuahmen. Zum Beispiel den Ruf vom Mäusebussard oder dem Graureiher. Und das so gekonnt, dass auch schon mal Ornitholog*innen darauf hereinfallen.

Eigentlich ist der Eichelhäher ein Waldvogel und in Städten wie Köln erst in den letzten Jahrzehnten eingeflogen. Mittlerweile kommt er aber sogar in der Innenstadt vor. Zum Beispiel in Ehrenfeld entlang des Militärringes, auf dem West- oder Melatenfriedhof oder in Chorweiler.

Fun Fact: Um Parasiten aus seinem Gefieder zu vertreiben, setzt sich so ein Eichelhäher gern mal mit gesträubten Federn auf Waldameisenhügel und badet darin. Die Säure, die die Ameisen verspritzen, ist nämlich ein exzellentes Parasiten-Schutzmittel. Grandios!

VOGEL · EICHELHÄHER

Speiseplan: Eicheln, Früchte, Insekten, Beeren, Nüsse · Familie: Rabenvögel · Größe: 32–35 cm · Flügelspannweite: 52–58 cm · Laute: hohes, schrilles, oft gereihtes srieh srieh

7

Halswirbel des steinernen Messias an der Nikolaikirche bilden ein gutes Versteck für Spatzen.

Vor Wind und Wetter geschützt, haben sie hier schon mehrere Jahre gebrütet. Generell ist der Nikolausplatz hinter der Kirche ein Lieblingsort der Kölner Spatzen. Leider einer der letzten. Denn der Spatzenbestand in Köln ist in den vergangenen 20 Jahren drastisch geschrumpft. Bis zu 69 Prozent weniger Getschilpe tönt aus den Gebüschen Kölns. Der damals so beliebte Fernsehstar und Vorgänger der Maus, der »Spatz vom Wallraffplatz« und Lieder wie »De Mösch« zeigen aber, dass der Haussperling, wie er im Fachjargon heißt, eigentlich sehr beliebt und aus Köln nicht wegzudenken ist. Umso wichtiger, ihm hier wieder bessere Bedingungen zu bieten. Zum Beispiel mehr heimische Stauden und Sträucher. Die bieten nicht nur ein gutes Versteck für die Spatzentrupps, sondern auch vielen Insekten einen Lebensraum und damit auch den Spatzen einen Gaumenschmaus. Wichtig ist auch, bei Gebäudesanierungen darauf zu achten, dass der Spatz als Höhlenbrüter (der gern in Mauerritzen und Nischen nistet) neue Unterschlüpfe finden kann.

Ein Nistmaterial findet er in Köln aber (leider) zuhauf: Kippenstummel. Er hat festgestellt, dass die zerrupften Filter nicht nur weiches Polster bilden, sondern dass das darin enthaltene Nikotin Nestparasiten wie Milben fernhält. Von wegen Spatzenhirn! Aber noch lange kein Grund, Kippenstummel einfach auf den Boden zu werfen. Ein einziger Stummel verunreinigt ganze 40 Liter Grundwasser und gefährdet Fische und alle anderen Wasserbewohner.

VOGEL · HAUSSPERLING

Speiseplan: Körner, Krümel, Insekten · Familie: Sperling · Größe: 14–16 cm · Flügelspannweite: 23 cm · Laute: schielp, tschuip, tschierp

4

—

Beine hatte die Blindschleiche ursprünglich.

Und ist somit nicht, wie manchmal fälschlich gedacht, eine Schlange, sondern eine Echse. Die Beine haben sich im Laufe der Evolution zurückgebildet. Die Blindschleiche ist auch nicht blind. Ganz im Gegenteil, sie hat ein sehr gutes Sehvermögen. Der Name geht auf das althochdeutsche Wort »plint« für »blendend« zurück und bezieht sich auf ihren Körper. Der ist nämlich bleiern glänzend und kann dich, wenn die Sonne draufscheint, schon mal blenden.

In Köln mag die Blindschleiche feuchte Gebiete mit viel Totholz und Steinen wie Brachflächen, Waldränder der Wahner Heider oder des Chorbuschs, große Parks und Gärten – dort am liebsten Komposthaufen. Bei Gefahr kann sie ihren Schwanz teilweise oder sogar ganz abwerfen. Dieser wächst aber, anders als bei den meisten Reptilien, nicht nach. So einen Schwanzabwurf sollte sie sich also gründlich überlegen.

Blindschleichen gebären ihre Jungen übrigens lebend – die Kleinen sind dabei gerade mal fingerlang, sieben bis neun Zentimeter, um genau zu sein. Sechs bis zwölf Blindschleichenbabys pro Wurf sind normal. Und sie können ziemlich alt werden. Bis zu fünfzig Jahre! Zum Überwintern bilden sie oft sehr große Blindschleichengruppen. Bis zu hundert (Ex-)Echsen tun sich da zusammen, um in verlassenen, unterirdischen Bauten von Kaninchen oder anderen Kleinsäugern die kalte Jahreszeit zu überstehen. Mucklich!

REPTIL · BLINDSCHLEICHE

Speiseplan: Nacktschnecken, Regenwürmer, unbehaarte Raupen, Spinnen · Familie: Schleichen · Größe: 35–55 cm

3

—

-farbige Außenbeleuchtung haben sich einige Kölner Meisen für ihren Nistplatz ausgewählt.

Rot. Gelb. Grün. Denn wo Nistplatzmangel herrscht, müssen die kleinen Meisen eben kreativ werden: In Köln haben es sich einige Blaumeisen tatsächlich in den hohlen Ampelmasten gemütlich gemacht. Die Löcher in diesen haben die perfekte Einflugsgröße (28 Millimeter). In diesem überdimensionalen Nistkasten (und auch in allen anderen Nestern) brüten die Meisen bis zu zwölf Junge aus. Um die alle durchzufüttern, sind sie den ganzen Tag auf Trab und bringen im Fünf-Minutentakt neue Raupen, Spinnen und Käfer.

Leider überleben nur etwa 20 bis 40 Prozent der Blaumeisen das erste Lebensjahr. Die Liste der Fressfeinde ist lang: Sperber, Raben, Turmfalken, Katzen, Marder, Eichhörnchen ... hinzu kommt eine bakterielle Erkrankung namens Suttonella ornithocola, die vielen Blaumeisen in den letzten Jahren zu schaffen gemacht hat und viele tausende von ihnen tötete. Wie traurig.

Die gesunden Meisen allerdings sind sehr lebhaft: Ständig in Bewegung, hangeln sie oft kopfüber an dünnsten Zweigen, um nach kleinen Insekten zu suchen. Gerade in Köln tun sie den Rosskastanien, die von der Miniermotte geplagt werden, einen großen Gefallen. Für die Blaumeisen haben sich die Miniermottenlarven nämlich zur Leibspeise entwickelt. Es gibt ja auch mehr als genug davon. Eine Win-win-Situation für Baum und Vogel also.

Quick Fact: Wusstest du, dass so eine Blaumeise gerade mal so viel wiegt wie ein 20-Cent-Stück? Verrückt.

VOGEL · BLAUMEISE

Speiseplan: Blattläuse, Raupen, Spinnen, Larven, Samen · Familie: Meisen · Größe: 11–12 cm · Flügelspannweite: 20 cm · Laute: ziiziizii-dadadada

2

—

Fortpflanzungsformen hat eine Waldeidechse.

Einige Waldeidechsen in südlicheren Gebieten legen – wie die meisten Reptilien – Eier, die durch die Sonnenwärme ausgebrütet werden. Die meisten Waldeidechsen (auch die Kölner) gebären die Jungen allerdings lebend. Das ist bei Reptilien ziemlich selten. Die Eientwicklung im Mutterleib führt dazu, dass das trächtige Weibchen sich nur schwerfällig bewegen kann. Der Vorteil daran ist jedoch, dass es die Sonnenwärme, ohne die sich die Eier nicht entwickeln können, deutlich besser ausnutzt als andere Arten. Wenn die Sonne wandert, wandert das trächtige Weibchen einfach mit, und die Eier müssen nie im kalten Schatten liegen. Raffiniert!

Eine andere Raffinesse, die sich die Waldeidechse angeeignet hat, ist die Fähigkeit, bei Gefahr den Schwanz abzuwerfen. Dieser zuckt dann noch eine ganze Weile weiter. Turmfalke, Hauskatze und andere Fressfeinde werden durch dieses Ablenkungsmanöver verwirrt, und die Eidechse hat Zeit, ins Unterholz zu flüchten. Der Schwanz wächst mit der Zeit wieder nach. Echt praktisch, benötigt allerdings viel Energie und Zeit und ist dementsprechend nicht allzu oft möglich.

In Köln brauchst du leider sehr viel Glück, um so eine Waldeidechse mal zu erblicken. Abgesehen davon, dass sie auf dem Waldboden ziemlich gut getarnt ist, ist sie im Stadtgebiet nicht sehr häufig zu finden. An einigen Bahndämmen oder in der Wahner Heide und dem Brücker Hardt stehen deine Chancen aber nicht schlecht.

REPTIL · WALDEIDECHSE

Speiseplan: Spinnen, Hundertfüßer, Ameisen, Heuschrecken · Familie: Echte Eidechsen · Größe: 12–18 cm

1

—

Buchstaben weniger hat die Amsel auf Kölsch.

Hier wird sie nämlich Määl oder Maal genannt. Die Määl kommt eigentlich überall im Stadtgebiet vor und zählt zu den häufigsten Vogelarten hier. Dabei ist es nicht lange her, dass sie ein ziemlich scheuer Waldvogel war. Sie hat erst seit rund 150 Jahren die Vorteile des Stadtlebens für sich entdeckt und sich auch ziemlich gut an das Leben hier angepasst. Um der lauten Klangkulisse trotzen zu können, positioniert sich das Amselmännchen zum Beispiel in Hinterhöfen – und zwar genau so zwischen den Hauswänden, dass sein Gesang verstärkt wird und noch weiter und lauter zu hören ist. Akustik-Profi!

Amseln gehören zu den Drosseln und werden auch Schwarzdrosseln genannt. Das Weibchen ist allerdings nicht schwarz, sondern braun meliert und dadurch am Boden besser getarnt. Oft sieht man so eine Amsel durchs Laub oder auf Wiesen hüpfen und nach Nahrung suchen. Ab und zu verharrt sie dann regungslos, hält den Kopf ganz schief, fixiert eine bestimmte Stelle. Und dann – zack! – stößt sie mit dem Schnabel blitzschnell zu. Einige Amseln haben ihre Wurm-Fang-Technik sogar noch weiter optimiert: Sie trommeln mit ihren Füßchen auf den Boden, um Regenwürmer glauben zu lassen, es würde regnen, weil diese dann noch häufiger an die Oberfläche kriechen. Der schlaue Vogel fängt den Wurm! Oder so ähnlich.

VOGEL · AMSEL

Speiseplan: Insekten, Würmer, Äpfel, Rosinen, Schnecken, Beeren · Familie: Drosseln · Größe: 25 cm · Flügelspannweite: 38 cm · Laute: volltönendes Flöten in vielen Variationen

0,21

—

Kilometer pro Stunde beträgt die durchschnittliche Erdkröten-Wandergeschwindigkeit.

Beim Überqueren von Straßen lassen sich die Tiere leider ganz schön viel Zeit: Eine sieben Meter breite Straße zu überqueren kann mehr als 20 Minuten dauern – wenn sie es denn schaffen. Leider werden nämlich jährlich tausende Kröten (und etliche andere Amphibien) überfahren, wenn sie ab Anfang März in den frühen Morgenstunden auf Wanderschaft gehen. Uralte Instinkte treiben die Tiere zu ihren Laichgewässern – und das am liebsten auf kürzestem Weg. Dass dieser oftmals von Straßen gekreuzt wird, hält die Kröten leider nicht ab. Und weil die Straßen so schön übersichtlich sind, lässt sich so ein Krötenmännchen sogar oft extra lange Zeit, um auf Brautschau zu gehen. Wenn es dem Kröterich gelingt, eines der raren Weibchen ausfindig zu machen, klettert er auf ihren Rücken und lässt sich von ihr huckepack zum Laichgewässer tragen. Die Weibchen sind nämlich größer und kräftiger als die Männchen. Manche Männchen lassen sich von Rivalen, die bereits auf dem Rücken eines Weibchens Platz genommen haben (und ihren Trageplatz zu verteidigen versuchen, indem sie wild um sich treten), nicht abhalten und setzen sich einfach auch noch oben drauf. Die Powerkrötinnen haben also ganz schön was zu schleppen.

In Köln kommt die Erdkröte übrigens noch relativ häufig vor, zum Beispiel am Höhenfelder See, nebenan in der Dellbrücker Heide oder auch im Adenauer-Weiher und anderen stillen Gewässern.

AMPHIBIE · ERDKRÖTE

Speiseplan: Käfer, nachtaktive Schmetterlinge · Familie: Schaufelfußkröten · Größe: 5–8 cm · Laute: oäck oäck

0

—

Prozent ist die Mönchsgrasmücke mit der Stechmücke verwandt.

Dieser Name ist schon recht seltsam für einen Vogel. Aber er leitet sich aus dem althochdeutschen »Grasmucka« ab und bedeutet so viel wie »Grauschlüpfer« (zugegebenermaßen auch nicht viel besser). Das bezieht sich auf sein graues Gefieder und die Verhaltensart, durch niedriges Gebüsch zu schlüpfen und zu hüpfen. Die schwarze Färbung am Kopf der Männchen ist der Grund für die erste Silbe ihres Namens. Die ähnelt nämlich der Kappe eines Mönches. Allerdings gilt das nur für die Männchen. Die Weibchen sind bräunlich-grau und tragen keine schwarze Kappe.

Die Mönchsgrasmücke frisst neben Insekten und Larven auch Beeren und Früchte. Weil sie dabei überhaupt nicht wählerisch ist, schmecken ihr die Früchte von mehr als 60 verschiedenen Sträuchern. Diese Fressflexibilität hat dazu beigetragen, dass die Mönchsgrasmücke recht häufig vorkommt. Auch in Köln. Zum Beispiel im Volksgarten. Und sie bleibt sogar oft auch im Winter. Auch wenn sie eigentlich ein Zugvogel oder genauer gesagt ein Teilzieher ist.

Und weil die Mönchsgrasmücke so ein großes Verbreitungsgebiet hat, gibt es auch ziemlich viele verschiedene Mönchsgrasmückengesangsdialekte. Der Gesang ist generell ziemlich schön melodisch-flötend. In manchen Dialekten klingt es wie ein »bile bile«, in anderen eher wie »düle düle«.

VOGEL · MÖNCHSGRASMÜCKE

Speiseplan: Beeren, Nektar, Insekten, Larven · Familie: Grasmücken · Größe: 13–18 cm · Flügelspannweite: 23–25 cm · Laute: flötende, kurze Strophen, tacktack-dededede

TIERKNIGGE

DURSTLÖSCHER

Wenn es heiß ist, sollte man viel trinken. Nix Neues! Das gilt aber nicht nur für Menschen – auch Insekten sind bei hitzigen Sommertemperaturen besonders durstig. Vor allem wenn es tage- oder sogar wochenlang nicht geregnet hat. Dann sind nämlich selbst die letzten Pfützen ausgetrocknet und Wasserquellen rar. Damit die Sechsbeiner nicht verdursten, sind sie für deine Hilfe dankbar. Und die sieht so aus: Stell einfach eine Untertasse oder eine kleine Schale mit Wasser auf deinen Balkon oder dein Fensterbrett und packe ein paar Steine rein, auf denen sie landen und in Ruhe trinken können. Danke s-s-s-s-s-s-sehr! P.S.: Durstigen Vögeln machst du damit übrigens auch eine Freude.

ENTENFRASS

Warum Entenfüttern eine ziemlich bekloppte Idee ist, erfährst du hier nochmal etwas ausführlicher: Brot hat für Enten kaum einen Nährwert – ist quasi Fastfood für sie. Es enthält viel zu viel Salz – das kann den Blutkreislauf des Organismus total durcheinanderbringen. Außerdem quillt Brot im Entenmagen unangenehm auf und enthält als industriell verarbeitetes Lebensmittel oft ungesunde Aromen, Konservierungsstoffe und Backtriebmittel. Das macht die Vögel dick und führt zu einer allmählichen Organverfettung. Und als wenn das noch nicht genug wäre, schadet das Brot auch noch dem Wasser. Nicht gefressene Stücke sinken nämlich auf den Boden des Gewässers, faulen dort und verstärken zusammen mit der Vogelkacke das Algenwachstum. Und weil Algen viel Sauerstoff brauchen, fehlt dieser dann anderen Wasserpflanzen, aber vor allem den Fischen. Das ist gerade im Sommer ein Problem, da ein chronischer Sauerstoffmangel im Wasser entstehen kann.

Hinweise für Naturbanausen & Stadtkinder

WILDSCHWEIN-DATE

Kölner Wildschweine haben sich an die Anwesenheit von uns Zweibeinern schon so sehr gewöhnt, dass sie bei unerwarteten Begegnungen oder Störungen nicht immer die Flucht ergreifen. Und wenn du in einem Stadtwald unterwegs bist, solltest du sowieso generell darauf gefasst sein, so einem struppigen Paarhufer zu begegnen. Für diesen Fall kannst du dir merken: Wildschweine greifen Menschen eigentlich nicht an. Nur dann, wenn sie sich bedroht fühlen oder ihren Nachwuchs in Gefahr sehen. Also auf jeden Fall Ruhe bewahren und laaaangsam zurückgehen – so signalisierst du dem Schwein, dass du keine Gefahr darstellst. Eine Bache mit ihren Frischlingen solltest du in einem großen Bogen umgehen. Gib den Tieren immer genug Rückzugsmöglichkeit – auf keinen Fall sollten sie eingeengt oder in eine Zaun- oder Hausecke gedrängt werden. Aber das ist ja klar, oder? Wenn du mit Hund unterwegs bist: unbedingt anleinen!

BIENENBALKONIEN

Wenn du den Bienen und anderen Insekten noch was Gutes tun möchtest, achte doch beim Bepflanzen deines Balkons oder Gartens (oder auch einfach deines Fensterbretts) auf bienenfreundliche Pflanzen. Denn bunte Blüten sind noch kein Garant für viel Nektar und Pollen, die Bienen so dringend brauchen. Typische beliebte Balkonblumen wie Geranien und Petunien sind zwar vielleicht ganz schön anzusehen, aber für Insekten überhaupt nicht attraktiv, weil sie kaum Nektar und Pollen bieten. Womit du nichts falsch machen kannst, sind dagegen heimische Wildblumen wie Klatschmohn, Kornblumen oder Kamille – da gibt es auch viele fertige Saatmischungen zu kaufen, die du im Frühjahr ganz einfach aussäen kannst. Auch sehr begehrt bei den Brummern und Summern sind Lavendel, Rosmarin, Salbei oder Kapuzinerkresse. Netter Nebeneffekt dieser Pflanzen: Mücken mögen den starken Duft überhaupt nicht und machen die Biege.

FINGER WEG!

Jedes Jahr zur Brutzeit (so von März bis Juli) piept und tschilpt es besonders laut in den Kölner Gebüschen, Bäumen und Nistkästen. Die fast flüggen Vogelkinder betteln ununterbrochen um Futter und hüpfen oftmals bereits aus dem Nest, obwohl sie noch gar nicht fliegen können, um der Enge im Nest zu entkommen. Aber nicht falsch verstehen: Das ist in den allermeisten Fällen gar nichts Schlimmes! Die Vogelkinder werden auch außerhalb vom Nest weiterhin von ihren Eltern gefüttert. Und damit sie nicht verloren gehen und von Vogelmama oder -papa gefunden werden, tschilpen sie ununterbrochen. Wenn du also ein aus dem Nest gefallenes Vogeljunges siehst, entferne dich lieber erstmal einige Meter und beobachte, ob die Eltern in der Nähe sind. Wenn dies nicht der Fall ist oder das Vogeljunge offensichtlich verletzt ist, rufe am besten eine Auffangstation oder Vogelpflegestation an und bitte um Rat. Wenn das Vogelkind aber tatsächlich noch nackt und das Nest in der Nähe ist, setze es ganz vorsichtig wieder dort rein – anders als viele Säugetiere stören sich Vögel nicht am Menschengeruch und kümmern sich auch nach dem Kontakt mit Menschen noch um die Jungen.

KRÄHENKRAWALL

Auch Krähenkinder verlassen ab Mitte Mai ihr Nest, bevor sie richtig fliegen können, kraxeln auf den Ästen (weshalb sie in der Phase übrigens auch Ästlinge genannt werden) und wagen erste Flugversuche. Dabei kommt es nicht selten vor, dass sie auch mal auf dem Boden landen. Wie andere Singvögeljunge sind auch die Krähenkinder mit ihren Eltern durch ständiges Rufen in Kontakt. Wenn du dich so einer Jungkrähe näherst, kann es allerdings passieren, dass die Elternkrähen dich anfliegen – sie machen sich halt Sorgen um ihren Nachwuchs. Das kam auch in Köln schon einige Male vor. Pass also auf, wenn du ein Krähenjunges siehst, dass du ihm nicht zu nahe kommst. Übrigens verteidigen auch andere Singvögel wie Spatzen und Amseln ihre Jungen durch lautstarkes, aufgeregtes Zwitschern – bei ihnen fällt es nur nicht so sehr auf wie bei den großen Nebelkrähen.

VOGELSCHMAUS

Vogelfütterung wird unter Expert*innen ziemlich stark diskutiert. Gegner*innen meinen, dass man der Natur quasi ins Handwerk pfuscht – schließlich sind Vögel seit Jahrtausenden auf harte Winter angepasst, und die Nahrungsknappheit führt zu einer natürlichen Auslese. Es überleben nur die kräftigsten Pieper, womit die Natur sicherstellt, dass die Nachkömmlinge möglichst gute Überlebenschancen haben. Ganz schön hart. Befürworter*innen halten dagegen, dass die Umweltbedingungen für unsere Vögel eh schon schlecht genug sind, sodass es auf den Schutz jedes einzelnen Piepmatzes ankommt. Pestizide auf den Feldern und auch in Kleingärten haben die Anzahl der Insekten und damit das Futterangebot für viele Vögel schrumpfen lassen. Außerdem werden die Chemikalien auch noch in den überlebenden Insekten gespeichert und schaden so auch den Vögeln, die diese fressen. Dazu kommen immer härtere Hitzewellen im Sommer, die den Vögeln zu schaffen machen. Wenn du ihnen also (vor allem im Winter) mit Futter helfen willst, musst du unbedingt darauf achten, dass du das richtige Futter besorgst, zur richtigen Zeit und am richtigen Ort fütterst. Wichtig ist auf jeden Fall, dass du die Futterstelle an einem sicheren Platz anbringst – nicht dass die Vögel noch von 'ner Katze überrascht werden! Vor Regen sollte das Futter auch geschützt sein – und regelmäßiges Reinigen ist auch wichtig. Wenn das Futter nämlich nass oder von der Vogelkacke verdreckt wird, schadet es den Flattermännern und -damen mehr, als es ihnen guttut. Die Futterauswahl lässt sich hier pauschal gar nicht so genau festlegen – es kommt nämlich ganz auf die Art der Futterstelle an und welche Vögel du füttern möchtest. Die haben nämlich nicht nur verschiedene Geschmäcker, sondern auch unterschiedlichste Schnabelformen und mögen deshalb auch unterschiedliche Sämereien. Am besten du informierst dich zum Beispiel auf der Webseite vom NABU, welches Futter sich am besten eignet.

NOCH MEHR INFOS UND HILFE FINDEST DU HIER:

www.nabu-koeln.de

www.tierischmenschlich.org/wildtiere

www.eichhörnchen-in-not.de/nordrhein-westfalen

www.instagram.com/nabu_koeln

www.stadt-koeln.de/leben-in-koeln/klima-umwelt-tiere

PLATZ FÜR DEINE NOTIZEN:

NOCH MEHR PLATZ FÜR DEINE NOTIZEN:

Glossar

A

Aal 12
Ameise (siehe Schwarze Wegameise)
Amsel 142

B

Barbe 14
Blattlaus 104
Bläuling 31
Blaumeise 138
Blei 14
Blindschleiche 136
Brachse 14
Braunbrustigel 70
Buchdrucker 30
Buchfink 130

D

Dachs 66
Dompfaff (siehe Gimpel)
Dunkle Erdhummel 80

E

Eichelhäher 132
Eichhörnchen 38
Eisvogel 116
Elster 96
Ente (siehe Stockente)
Erdkröte 144
Eule (siehe Waldohreule)

F

Feldhase 74
Feuerwanze 31
Flussbarsch 14
Fuchs (siehe Rotfuchs)

G

Gartenschläfer 92
Gefleckter Schmalbock 30
Gimpel 88
Goldafter 30
Graureiher 8
Grünes Heupferd 31
Grünspecht 56

H

Halsbandsittich 120
Haselnussbohrer 30
Haussperling 134
Höckerschwan 112
Honigbiene 34
Hummel (siehe Dunkle Erdhummel)

I

Igel (siehe Braunbrustigel)

J

Junikäfer 106

K

Kaisermantel 31
Keiljungfer 30
Kiebitz 16
Kleiber 122
Kohlmeise 62
Kräuterdieb 30
Kuckuck 108

M

Mauersegler 58
Maulwurf 82
Maus (siehe Waldmaus)
Mehlschwalbe 102
Miniermotte 22
(Gemeiner) Mistkäfer 31
Mönchsgrasmücke 146
Mopsfledermaus 50

N

Nachtigall 78
Nashornkäfer 60
Nilgans 68
Nutria 44

O
(Gemeiner) Ohrwurm 31

P
Plötze 15

R
Ratte (siehe Wanderratte)
Ringelnatter 36
Rotauge 15
Rotfeder 15
Rotfuchs 76
Rotkehlchen 114
Rückenschwimmer 30

S
Schachbrett 31
Schmuckschildkröte 20
Schnecke (siehe Winbergschnecke)
Schwalbenschwanz 30
Schwan (siehe Höckerschwan)
Schwanzmeise 98
Schwarze Wegameise 18
Silberfischchen 90
Silbriger Purzelkäfer 31
Singdrossel 110
Spatz (siehe Haussperling)
Stadttaube 84
Stahlblauer Grillenjäger 30
Star 72
Steinmarder 10
Stieglitz 100
Stockente 126

T
Tagpfauenauge 31
Taube (siehe Stadttaube)
Teichmolch 48
Wadenstecher 28
Waldeidechse 140
Waldmaus 94

W
Waldohreule 128
Wanderfalke 26
Wanderratte 54
Waschbär 52
Weinbergschnecke 24
(Gemeine) Wespe 42
Wildkaninchen 40
Wildschwein 46
Wolf 64
Wollhandkrabbe 118

Z
Zander 15
Zauneidechse 86
Zaunkönig 124
Zilpzalp 32

Danke!

Mein herzlicher Dank geht an Wolfram Burckhardt und das Team vom Kulturverlag Kadmos, die mich auch in diesem Projekt wieder tatkräftig unterstützt haben. Toll, dass ihr genauso der Meinung seid, dass das großartige Wissen über die Tierwelt zu mehr Achtsamkeit und einem besseren tierischen Zusammenleben führen kann – je mehr Menschen wir damit erreichen, desto besser.

Danke Fred und mein Team von *aufsiemitgebrüll*, dass ihr mir während der Arbeit an diesem Herzensprojekt den Rücken freigehalten habt.

Danke Janko für deine rattenscharfen Exponentialrechenkünste!

Danke Lucas, dass du mich mit deinem beeindruckenden Wissen über die Vogelwelt schon seit der ersten Klasse inspirierst und dazu beiträgst, dass ich diese Leidenschaft über die Jahre mehr und mehr teile.

Natürlich möchte ich auch meiner Familie danken, die mir den wachen Blick auf die Umwelt bereits in die Wiege gelegt hat und mich seit jeher in dem, was ich mache, unterstützt und bestärkt. Danke Mama, Papa, Leni, Hannes, mein Ornithologen-Onkel Frank, Oma Hanne, Oma Elke, Andi, Simone, Saskia …

Und danke Janis für deine Geduld bei der Spurensuche in Köln ♥

Impressum

Konzeption, Text, Illustration und Gestaltung:
Marie Parakenings

Schriften:
Rando von Maurice Göldner
F Grotesk von Radim Pesko

Bibliografische Information der Deutschen Nationalbibliothek

Die Deutsche Nationalbibliothek verzeichnet diese Publikation in der Deutschen Nationalbibliografie; detaillierte bibliografische Daten sind im Internet über <http://dnb.d-nb.de> abrufbar.

Das Werk einschließlich aller seiner Teile ist urheberrechtlich geschützt. Jede Verwertung ist ohne Zustimmung des Verlages unzulässig. Das gilt insbesondere für Vervielfältigungen, Übersetzungen, Mikroverfilmungen und die Einspeicherung und Verarbeitung in elektronischen Systemen.

Copyright © 2022, Kulturverlag Kadmos Berlin. Wolfram Burckhardt
Alle Rechte vorbehalten
Internet: www.kulturverlag-kadmos.de
Druck: ITC Print
Printed in Latvia
Gedruckt auf FSC-zertifiziertem Papier
ISBN: 978-3-86599-476-9

Marie Parakenings, 1993 in Berlin-Wedding geboren, studierte Visuelle Kommunikation an der Kunsthochschule Berlin-Weißensee. Sie arbeitet als Gestalterin und Illustratorin, mit besonderem Fokus auf sozialen Themen und der heimischen Tier- und Pflanzenwelt. Der Erfolg ihres ersten Buches »Berliner Tiere – Ein kleiner Guide für Naturbanausen und Stadtkinder« ermutigte sie dazu, auch die tierischen Bewohner*innen ihrer anderen Lieblingsstädte Hamburg und Köln genauer unter die Lupe zu nehmen. Mit ihren Büchern möchte sie ihre Mitmenschen dazu animieren, ihrer Umwelt ein wenig mehr Aufmerksamkeit und Achtsamkeit zu schenken.

Foto: © Janis Brod